하나님의 인도하심을 구하라

무엇인지 분별하라
주를 기쁘시게 할 것이

하나님의
인도하심을
구하라

유기성

규장

하나님의 인도하심만 따라가자!

제가 제주도에서 안식월을 보낸 2021년 9월, 태풍 찬투가 아주 특별한 경로로 제주도를 스쳐 지나갔습니다. 찬투는 중국 상하이 근처 바다에서 거의 4일 정도 머물렀으며, 한 주간 내내 비바람과 성난 파도가 몰아쳤습니다. 태풍이 이렇게 한 곳에 오랜 시간 머문 것은 대단히 특별한 경우라고 했습니다. 그 한 주간을 태풍 속에 지내며 예상치 않게 오래 지속되는 코로나19 팬데믹으로 인한 온 세상의 고통이 이와 같다는 느낌이었습니다. 태풍은 지나가고 나면 그만이지만, 코로나19 팬데믹은 그 이후가 더 큰 걱정입니다.

하나님을 기쁘시게 하는 기도

코로나19 팬데믹으로 인한 두려움으로 기도할 때, 이런 때일수록 "하나님, 도와주세요"라고만 기도하지 말고 '하나님의 인도하심만 따라가면 된다'는 생각이 강하게 들었습니다. 그것이 성령께서 주시는 응답임을 깨닫고 '하나님의 인도하심을 구하라'는 주제로 연속 설교를 하였습니다. 이 책은 그 연속 설교들을 정리한 것입니다.

태풍 찬투로 인하여 제주도에 한 주간 내내 비바람이 칠 때, 저는 이 책의 마지막 교정을 보고 있었습니다. 그래서 이 책에서 주님이 주신 메시지가 더욱 실감이 났습니다. 태풍이 몰아치는 것 같은 상황이라도 오직 하나님의 인도하심을 받으라는 것입니다. 이 말씀은 은퇴 이후를 준비하는 저에게 주시는 말씀이기도 하였습니다.

많은 그리스도인들이 "하나님, 제게 복을 주세요", "우리 가정에 복을 주세요", "우리 교회에 복을 주세요"라고 기도합니다. 그런데 그것은 하나님을 잘 알지 못하기 때문입니다. 자녀가 부모에게 밤낮으로 "나를 사랑해주세요", "나를 기억해주세요", "나에게 좋은 것 좀 주세요"라고 구하거나 때때로 간절히 울면서 부탁한다면 어떤 느낌이겠습니까?

하나님을 기쁘시게 하는 기도는 어떤 상황이든지 무엇을 먹을까 무엇을 입을까 염려하지 않고 "하나님의 뜻이 무엇인가요?", "제가 어떻게 하면 하나님께서 기쁘실까요? 가르쳐주세요, 제가 순종할게요" 하는 기도입니다.

아버지의 뜻대로 하옵소서

우리는 살면서 많은 결정을 하지만 대부분 자신이 보기에 옳다고 여겨지거나 무엇인가 기대하는 쪽으로 결정하지, 주님께서 어떻게 인도하시는지 진지하게 묻지 않습니다. 그래서 열심히 살면서도 물이 포도주가 되는 역사, 오병이어의 기적, 생수의 강이 흐르는 역사를 경험하지 못하는 것입니다.

매사에 하나님의 인도하심을 구하는 것은 시대정신을 거스르는 일입니다. 무엇이든지 자기가 선택해야 한다는 생각이 바로 지금의 시대정신입니다. 많은 그리스도인이 하나님을 자기가 소원하는 대로 도와주시는 분으로 여깁니다. 자기가 선택하면 가장 좋은 것을 얻을 수 있으리라 착각하며 삽니다. 그러나 그 선택이 우리를 불행하게 만들 때가 많습니다.

저는 하나님의 뜻대로 사는 것은 고생 길이라 여겼던 적이 있었습니다. 하나님은 언제나 싫은 것을 하라 하시고, 하고 싶은 것은 하지 말라 하시는 분처럼 여겼습니다. 인색하고 까다롭고 잔인하기까지 하다고 여겼습니다. 그런데 어느 날 주님께서 갑자기 한 생각을 주셨습니다.

"내가 무엇을 알기에 무엇이 되고 안 되고를 그토록 갈망하는가?"

그 후 제 뜻이 이루어지게 해달라는 기도를 포기했습니다. 예수님께서 겟세마네에서 잡히시기 바로 전 하나님께 드린 기도는 "나의 아버지, 하실 수만 있으면, 이 잔을 내게서 지나가게 해주십시오. 그러나 내 뜻대로 하지 마시고, 아버지의 뜻대로 해주십시오"였습니다. 그렇다면 우리 인생에서 단 한 번 기도할 기회가 있다면 어떤 기도를 드리겠습니까? "내 뜻대로 마시고 아버지의 뜻대로 하옵소서." 이 기도가 아니겠습니까?

나를 따라오라!

우리가 걱정할 것은 "앞으로 어떻게 될까?"가 아닙니다. "어떤 상황에서도 하나님의 인도를 받을 수 있는가?" 하는 것입니다. 하나님의 인도하심을 받는 것은 결심한다고 되는 일이 아닙니다. 실제로 주님과 동행하는 삶을 살지 않는 사람에게는 너무나 막연하고 답답한 일입니다.

"주님께 물으면 정말 주님의 인도하심을 받을 수 있나요?" 많은 그리스도인이 하나님의 뜻을 모르겠다고 합니다. 저도 하나님을 찾고 찾았지만 만나지 못했다는 좌절에 빠졌던 적이 있었습니다. 그런데 그것은 하나님이 만나주시지 않은 것이 아니라 제가 기대하는 하나님을 만나려고 했기 때문이었습니다. 그런 하나님은 존재하지 않기에 만나지 못했던 것이었습니다.

제가 설교 열등감으로 좌절하고 있을 때 고린도전서 1장 27-29절을 묵상하게 되었습니다.

하나님께서 세상의 미련한 것들을 택하사 지혜 있는 자들을 부끄럽게 하려 하시고 세상의 약한 것들을 택하사 강한 것들을 부끄럽게 하려 하시며 하나님께서 세상의 천한 것들과 멸시받는 것들과 없는 것들을 택하사 있는 것들을 폐하려 하시나니 이는 아무 육체도 하나님 앞에서 자랑하지 못하게 하려 하심이라 고전 1:27-29

이 말씀을 붙잡고 삼 일을 고민했습니다. 믿어지지 않았기 때문입니다. 저는 목사도 약하면 죽는 줄 알았습니다. 그런데 성경은 하나님께서 미련한 자, 약한 자, 천한 자를 택하여 쓰신다는 것입니다. 도저히 이해가 되지 않았습니다. 결국 이 말씀은 이해하고 믿는 것이 아님을 깨달았습니다. 믿겠다는 결단만 필요하다는 것을 알았습니다.

삼 일째 되는 날 성경책을 끌어안고 "믿겠습니다" 이 한마디를 고백하고 나서 무엇이 서러웠는지 고꾸라져 통곡하며 울었습니다. 성경 말씀을 믿는다는 것이 이처럼 엄청난 일임을 처음 깨달았습니다. 그런데 그때부터 설교가 편해졌습니다. 설교 잘하려고 애쓰기보다 주님의 말씀만 정확히 전하면 충분하다는 것을 비로소 받아들이게 되었습니다.

우리에게 필요한 것은 '이곳이냐, 저곳이냐?', '이 사람이냐, 저 사람이냐?', '이 일이냐, 저 일이냐?'가 아닙니다. 항상 하나님께 귀 기울이고, 주님과 동행하는 삶을 사는 것입니다. 그러면 하나님께서 반드시 우리를 인도하십니다. 주님께서 제자들에게 "나를 따라오라"고 하셨던 것처럼 지금도 주님은 우리에게 동일하게 말씀하십니다.

"나를 따라오라."

새롭게 열리는 문

계획한 대로 이루어지지 않고 길이 막혔다고 좌절하지 않아야
합니다. 한쪽 문이 닫혔다면 다른 문이 열리게 마련입니다. 코
로나19로 예배와 교회 내 소모임이 금지되었을 때, 교회 소그
룹 모임이 예수동행일기를 통한 온라인 공동체로 재편되게 되
었습니다. 기도 모임도 예수동행기도 사이트를 중심으로 더
뜨겁게 모이게 되었고, 결국 온라인 기도원이 열리게 되었습니
다. 전에는 상상해보지 못한 온라인 전도, 온라인 양육, 온라
인 제자훈련, 온라인 심방이 시작되었고, 온라인 교회 또한 세
워졌습니다. 예루살렘교회의 핍박으로 오히려 복음이 온 유대
와 사마리아와 땅끝까지 퍼져나갔던 것처럼 코로나19로 복
음이 더 확산될 것이 확실해 보입니다.

　한번은 사모 세미나 때 한 사모님이 간증하셨습니다. "'앞
으로 목회를 어떻게 하나?', '사모 역할을 어떻게 감당하나?'
모든 것이 두렵고 고민이 되었는데, 목사님의 말씀을 듣고 기
도하는데 답을 얻었습니다" 하고 울먹이며 "내가 있잖아!"라

고 하시는 주님의 음성을 들었다는 것입니다. '내가 있잖아' 하시는 주님의 음성에 모든 문제가 다 해결된 것 같다고 했습니다.

그렇습니다. 주님이 함께하신다는 것을 믿는 것이 주님의 인도하심을 받는 시작입니다. 이제부터는 자기가 옳다고 생각하는 대로 살지 않겠노라고 결단해야 합니다. 그리고 성경 말씀을 묵상하며 주님께 귀를 기울여야 합니다. 그러면 누구나 하나님의 인도하심을 받게 됩니다. 처음에는 막연하겠지만 점점 더 주님의 인도하심을 잘 받게 됩니다.

중요한 것은 자기 마음에 드는 말씀만 찾으려 해서는 안 된다는 것입니다. 말씀을 왜곡하여 자기 주장의 근거로 삼는 것은 이단들이 하는 방법입니다. 그러나 우리도 마음에 드는 말씀만 찾는 유혹을 받을 때가 많습니다. 하나님의 말씀을 따라 산다는 것은 하기 싫은데 해야 하고, 하고 싶은데 하지 말아야 하는 경우가 대부분입니다. 그러면 주님의 말씀을 잘 들은 것인 줄 알아야 합니다.

분명한 한 걸음의 인도하심

하나님께서는 1년이나 10년, 30년 앞에 되어질 것에 대하여 말씀하시지 않을지라도 매 순간 한 걸음씩 나아가야 할 길에 대하여는 분명히 인도하십니다. 실패도 성공 못지 않게 유익하며, 순탄한 시절 못지 않게 어려운 시절을 통해서도 길이 환히 드러납니다.

우리는 틀림 없이 아리송하고 모호하고 혼란스러운 상황에 부딪칠 것입니다. 그러나 믿음으로 계속 가야 합니다. 주님 자신이 길이십니다. 그것도 큰 길입니다. "주께 힘을 얻고 그 마음에 시온의 대로가 있는 자는 복이 있나이다"(시 84:5)라고 했습니다. 그래서 24시간 주님과 동행하자는 것입니다.

지금까지 저에게 한 치 앞을 내다보기 힘든 때가 여러 번 있었습니다. 그 때마다 제가 할 수 있는 일은 지금 무엇을 해야 하는지 주님의 인도하심을 구하는 것이었습니다. 그렇게 여기까지 온 것입니다. 지금 다시 한번 한 치 앞을 내다보기 힘든 상황에 처했습니다. 그래서 다시 한번 주님의 인도하심을 구하게 됩니다.

앞으로 어떤 세상이 될까 두려움이 몰려옵니다. 그러나 지금 우리가 해야 하고, 또 할 수 있는 일은 "하나님, 제가 지금 무엇 하는 것을 기뻐하십니까?"라고 기도하며 하나님께 온전히 순종하며 사는 것입니다. 하나님의 뜻을 알기 힘들다 하지만 내일 일을 염려하지 않고, 먼저 하나님의 나라와 그의 의를 구한다면 하나님의 뜻대로 잘 살아가고 있는 것입니다. 목숨을 다하여 하나님을 사랑하고 이웃을 나 자신처럼 사랑하며, 항상 기뻐하고 쉬지 않고 기도하며 범사에 감사하는 것이 하나님의 뜻임을 알았다면 정확히 알고 있는 것입니다.

이 책을 읽는 모든 이들이 혼란스럽기만 한 상황에서도 주님의 인도하심을 따라 사는 영적인 눈이 열리기를 기도합니다.

유기성 목사

CONTENTS

PART

1

새로운 살 길
예수님만 따라가라

하나님의
인도하심을
구하라

5 너희 중에 누구든지 지혜가 부족하거든 모든 사람에게 후히 주시고 꾸짖지 아니하시는 하나님께 구하라 그리하면 주시리라 6 오직 믿음으로 구하고 조금도 의심하지 말라 의심하는 자는 마치 바람에 밀려 요동하는 바다 물결 같으니 7 이런 사람은 무엇이든지 주께 얻기를 생각하지 말라 8 두 마음을 품어 모든 일에 정함이 없는 자로다

야고보서 1:5-8

하나님의 인도하심을 구하라

하나님의 인도하심을 따라갈 수 있는가?

이 책을 쓸 당시 코로나바이러스 감염증(COVID-19)으로 인하여 온 세계가 큰 혼란을 겪는 중에, 앞으로 어떤 어려움이 있을지 예측하기 힘든 가운데 있었습니다. 이런 어려움이 있을 때일수록 중요한 것은 철저히 하나님의 인도하심을 받는 것입니다. 어떤 어려운 상황에서도 하나님의 인도하심을 따라갈 수만 있다면 문제 될 것이 없습니다.

그런데 많은 그리스도인이 하나님의 인도하심을 받는 것에 대한 믿음도 자신도 없습니다. 평소에 하나님과 동행하며 하나님께서 인도하시는 삶을 살지 못했기 때문입니다. 우리는 살아가면서 많은 결정을 합니다. 하지만 대부분 자기가 생각하기에 옳거나 기대하는 쪽으로 결정하지, 주님의 뜻이 무엇인지 진지하게 묻지 않습니다. 그래서 가정이나 직장, 교회에서 열심히 살지만 물이 포도주가 되는 역사, 오병이어의 역사,

생수의 강이 흐르는 역사가 일어나지 않는 것입니다.

기도해도 늘 "도와주세요"라고 기도합니다. 애초에 하나님의 인도하심에 순종해야 한다는 생각이 없기 때문입니다. 그러나 아무리 급하고 중요해도 우리는 반드시 하나님의 인도하심을 받아야 합니다. 아무리 옳아 보여도 하나님의 뜻이 무엇인지 반드시 먼저 확인한 다음 결정해야 합니다. 지금 어려움이 많지만 하나님께서 우리에게 신앙의 기본을 단단히 다지고 회복할 기회를 주셨다는 생각이 듭니다. 지금부터라도 우리가 하나님의 뜻을 분별하고 그 뜻대로 살아간다면 지금의 어려움은 오히려 하나님이 주신 큰 복이었다고 고백하게 될 것입니다.

당연해 보이는 일의 위험성

사도행전 16장에서 사도 바울은 소아시아 지역에 복음을 전하기 위하여 애씁니다. 그런데 성령께서 이를 막으셨습니다. 복음을 전하는 일이야말로 하나님의 뜻이 아닙니까? 전도란 하나님께서 당연히 기뻐하실 일이고, 할지 말지 기도할 필요조차 없는 일인데, 성령께서 막으시니 사도 바울로서는 이해할 수 없고 너무나 혼란스러웠을 것입니다.

하나님의 인도하심을 구하라

그런데 알고 보니 하나님의 뜻은 바울이 아시아가 아니라 마게도냐 즉, 바다 건너 유럽으로 건너가 복음을 전하는 것이었습니다. 사도 바울의 위대함은 이런 순간에도 성령께서 막으시는 것을 분별하고 하나님께서 유럽으로 인도하시는 것을 깨달아 순종하였다는 것입니다.

복음을 전하는 일과 같이 지극히 당연하고 옳은 일이라 해도 하나님의 인도하심을 구해야 합니다. 너무 당연해서 하나님께 물어볼 필요도 없는 일들이 오히려 더 위험할 수 있습니다. 너무 당연하기에 하나님의 인도하심을 받는 일에 소홀할 수 있기 때문입니다.

하나님의 인도하심을 받는 훈련은 기독교 신앙의 기초이자 성도의 기본자세입니다. 코로나19 확산으로 찾아온 큰 위기의 때에 우리는 하나님 앞에서 살아가는 방식을 근본부터 다시 점검해보아야 합니다. 너무 잘 안다고 하는 일조차도 하나님 앞에 묻고 주님의 인도를 구하는 자세를 가져야 합니다. 이 마음이 우리에게 정말 필요합니다.

만약 여러분이 말할 수 없는 곤경에 처하거나 모든 길이 막힌 것 같을 때에도 두려워하지 마십시오. 주님은 우리에게 감당하지 못할 시험을 주신 적이 없다고 말씀하셨고, 시험당할 즈음에 반드시 피할 길을 주신다고 약속하셨습니다. 주님은 우리가 살아가는 동안 지혜가 부족하고 하나님의 뜻이 무엇인지 잘 모를 때 하나님께 구하라고 하셨습니다.

너희 중에 누구든지 지혜가 부족하거든 모든 사람에게 후히 주시고 꾸짖지 아니하시는 하나님께 구하라 그리하면 주시리라 약 1:5

지혜를 구하고 그분의 인도하심을 구했으면 그다음에는 구한 대로 인도하실 것을 믿어야 합니다. 하나님은 후히 주시고 꾸짖지 않으시는 분이기 때문입니다. "하나님, 저에게 하나님의 지혜를 주십시오. 지금 열린 문이 어디인지 알려주십시오." 이렇게 기도한 다음 하나님이 열어두신 문으로 우리를 인도하시고 우리와 함께하시는 것을 믿어야 합니다.

믿고 기도할 때 이미 시작되는 역사

만약 하나님께 기도하면서도 그분의 인도하심을 믿지 못하는 사람은 정작 하나님이 인도해주서도 그것을 깨닫지 못합니다.

오직 믿음으로 구하고 조금도 의심하지 말라 의심하는 자는 마치 바람

하나님의 인도하심을 구하라

에 밀려 요동하는 바다 물결 같으니 이런 사람은 무엇이든지 주께 얻기를 생각하지 말라 두 마음을 품어 모든 일에 정함이 없는 자로다

약 1:6-8

지금 여러분에게 아주 난감한 일이 있다면 "하나님, 인도해주세요. 살 길을 열어주세요. 제가 갈 길을 보여주세요"라고 기도하십시오. 그러면 하나님께서 반드시 보여주십니다. 하나님은 애매하게 말씀하지 않으십니다. 이것을 정말 믿으시기를 바랍니다. 믿으면 알게 됩니다. 우리의 믿음은 반드시 하나님의 응답을 불러일으킵니다. 우리가 하나님을 100퍼센트 믿었는데 하나님께서 우리를 실망시키실까요? 하나님은 그런 분이 아닙니다. 하나님께서 반드시 길을 인도해주실 것입니다.

'기도한다고 다 응답해주실까?' 이런 생각을 하니까 끝까지 기도하지 못하는 것입니다. 교회에서 특별 새벽기도를 한다고 선포하면 어떤 분들은 마음이 간절해지지만, 어떤 분들은 마음이 전혀 움직이지 않습니다. 무슨 일이 있어도 새벽기도에 동참하리라 결심하는 분이 있는가 하면, 교회에 가서 기도할 수 없다면 기도할 엄두도 내지 못하는 사람이 있습니다.

왜 이처럼 마음이 갈리는지 아십니까? 믿음이 달라서 그렇

습니다. 기도하지 못하는 사람은 기도하면 하나님께서 반드시 응답해주신다는 사실이 믿어지지 않기 때문입니다. 그러니 우리가 기도한다는 것 자체는 하나님께서 우리의 문제에 간섭하신다는 부인할 수 없는 증거입니다.

> 일을 행하시는 여호와, 그것을 만들며 성취하시는 여호와, 그의 이름을 여호와라 하는 이가 이와 같이 이르시도다 너는 내게 부르짖으라 내가 네게 응답하겠고 네가 알지 못하는 크고 은밀한 일을 네게 보이리라
> 렘 33:2,3

하나님께서 우리를 기도하게 하신다는 것을 깨달아야 합니다. 우리가 하나님께 부르짖을 때 일을 행하시는 하나님의 역사가 이미 우리 안에서 일어나고 있는 것입니다.

> 너희 안에서 행하시는 이는 하나님이시니 자기의 기쁘신 뜻을 위하여 너희에게 소원을 두고 행하게 하시나니 빌 2:13

마음에 하나님께 드릴 소원이 있는 것 자체가 하나님의 역사입니다. 하나님은 무언가를 행하시기 위해 우리 마음에 소원을 두고 그 일을 이루어가십니다. 내 안에 '기도해야겠다',

'하나님께 물어야겠다'라는 마음이 일어나는 것, 기도에 대한 욕망, 기도를 향한 간절함을 '기도의 눌림'이라고 표현하는데, 여러분의 마음에 이 기도의 눌림이 있는지 꼭 한번 확인해보시기 바랍니다. 그렇다면 벌써부터 하나님께서 역사하고 계신 것입니다. 이것을 정말 믿으셔야 합니다.

함께하시는 주님을 믿는 믿음의 기도

갑자기 뜻밖의 기도 제목이 생각나거든 그 자체가 대단한 사건임을 알아야 합니다. 하나님의 역사가 일어나고 있는 것입니다. 하나님께서 바로 이런 기도에 응답하십니다. 그 믿음을 얻으려면 자신의 기도 제목에 너무 연연하지 말아야 합니다. 우리가 기도하면서도 응답에 대한 확신이 서지 않는 이유는 그동안 하나님보다 기도 응답을 더 중요하게 여겼기 때문입니다. 기도보다 기도에 응답하실 하나님을 더 귀하게 여겨야 합니다. 그 사람이 성숙한 사람입니다.

캐나다의 토론토 큰빛교회를 담임하셨던 임현수 목사님이 북한에 2년 6개월간 억류되었다가 2017년에 극적으로 석방되셨습니다. 목사님이 석방되던 그 주간에 저도 큰빛교회에 집회차 가 있었기 때문에 성도들이 그 소식을 듣고 얼마나 놀라워했는지 보았습니다. 한 교인이 저에게 이런 질문을 했습니다.

"목사님, 그동안 저는 임현수 목사님이 석방되게 해달라고 매일 새벽 간절히 기도해왔습니다. 그렇지만 솔직히 진짜 석방되실 거라고 믿지는 못했어요. 이런 믿음도 믿음인가요?"

그러니까 기도는 했지만 석방되리라 믿지는 못했는데, 하나님께서 그 기도에 응답해주신 것이 이해가 잘 안 된다는 것이었습니다. 제가 그 분에게 이렇게 말씀드렸습니다.

"임현수 목사님이 석방되리라 믿지는 못했지만, 하나님께서 계속 기도하게 하신다는 사실은 분명히 믿으셨잖아요."

비록 임 목사님이 금세 석방되리라 믿지는 못했지만, 주님이 계속 기도를 시키신다고 하는 그 믿음이 이 같은 응답을 가져온 것입니다. 그러니 우리는 기도해야 합니다.

여러분, 예수님이 함께 계시는 것을 바라보는 것이 왜 중요합니까? 기도에는 믿음이 필요한데, 그 믿음의 근거가 바로 주님이 함께 계신다는 확신이기 때문입니다. 지금 예수님이 함께 계신다는 믿음이 있습니까? 비록 문제가 해결되리라 믿지는 못해도 주님이 함께하시고, 계속 기도하게 하신다는 것은 인정하십니까? 그러면 그 주님을 믿는 믿음으로 기도하면 됩니다.

하나님의 인도하심을 구하라

저도 이따금 말기 암 환자와 같이 도무지 고침을 받으리라는 믿음이 생기지 않는 분의 기도 요청을 받을 때가 있습니다. 기도는 믿음으로 해야 하는데, 이분의 병이 나을 것 같지 않은데 어떻게 기도합니까? 그때 주님이 제게 "내가 그와 함께 있음을 믿으라"고 깨우쳐주셨습니다. 그 사람이 병 고침을 받을 것이 믿어지지 않더라도 주님이 그와 함께 계신 것만큼은 너무 분명합니다. 그래서 저는 이렇게 기도합니다.

"주님, 저는 주님을 믿습니다. 주님이 이 성도와 함께 계심을 믿습니다. 주님은 질병보다 더 크신 분임을 믿습니다. 주님은 죽은 자도 살리시는 분임을 믿습니다."

함께 계시는 주님을 바라보라

민족의 통일을 위해 기도할 때 우리의 기도는 정말 막막합니다. 지난 70여 년 동안 기도가 응답되지 않았고 오히려 상황은 더 어려워진 것처럼 보입니다. 이럴 때 통일을 위해 어떤 믿음으로 기도해야 합니까? 지금도 여전히 통일을 위해서 기도하라고 하시는 주님의 감동이 있습니까? 여러분, '나라를 위해 기도해야겠다', '이 민족을 위해서 기도해야겠다' 하는 마음의 감동이 있습니까? 그렇다면 그것은 주님의 역사입니다. 그래서 또 기도하는 것입니다. "이 민족에게 통일을 주소서." 그것이 바로 우리가 붙잡을 믿음입니다.

길이 없어 보이는데 어떻게 믿음으로 기도합니까? 하지만 그럴수록 더욱 함께하시는 주님을 바라보고 성령의 인도하심을 따라가야 합니다. 하나님께서 반드시 인도해주시고, 우리가 기도하면 절대 외면하지 않으시고, 후히 주시고 나무라지 않으시는 하나님, 그분을 어떻게 믿을 수 있을까요? 예수님을 바라보면 믿을 수 있습니다.

캐서린 마셜(Catherine Marshall)이 쓴 《기도에의 모험》(생명의말씀사)에 밝고 평안하게 사는 한 성도의 이야기가 나옵니다. 그가 이렇게 밝고 평안하게 살 수 있었던 비결은 바로 사흘을 기다리는 데 있었다고 합니다. 한번은 어려운 문제를 만나 하나님께 기도하자 하나님께서 '그냥 기다리라'는 마음을 주셨습니다. 답답했지만 하나님의 응답을 믿고 주님을 기다리는 심정으로 염려와 두려움을 내려놓았더니 사흘 정도 지나자 문제가 해결되었습니다.

그는 하나님께서 왜 기다리라고 하셨는지 곰곰이 생각해보았습니다. 그때 예수님이 십자가에 달려 죽으시고 사흘 동안 무덤에 계셨다가 부활하신 것이 깨달아졌습니다. '예수님도 무덤 속에 사흘을 갇혀 계시지 않았던가.' 그때부터 그는 어떤 어려움이 닥쳐와도 하나님께 구하고, 사흘 동안 무덤에 계셨던 예수님을 생각하며 주님께 염려와 근심을 다 맡기고 기다리는 삶을 살았습니다. 그러면 정말 어김없이 자신의 마음이 바뀌거나 문제가 해결되어 그의 삶에 부활의 역사가 나타나는 것을 경험했다고 합니다.

우리와 함께 계시는 주님을 주목하면 하나님은 반드시 우리의 길을 인도하십니다. 우리를 그냥 죽게 내버려두지 않으시고, 고아처럼 방치하지 않으십니다. 반드시 우리를 인도하십니다.

하나님의 기쁘신 뜻은 분명하다

우리가 하나님의 뜻을 잘 깨닫지 못하는 것은 하나님께서 분명히 말씀하지 않으시기 때문이 아닙니다. 하나님은 우리에게 하나님의 뜻을 명확히 보여주셨습니다.

> 예수께서 이르시되 네 마음을 다하고 목숨을 다하고 뜻을 다하여 주 너의 하나님을 사랑하라 하셨으니 이것이 크고 첫째 되는 계명이요 둘째도 그와 같으니 네 이웃을 네 자신 같이 사랑하라 하셨으니 이 두 계명이 온 율법과 선지자의 강령이니라 마 22:37-40

여기서 말하는 하나님의 뜻이 무엇입니까? 목숨을 다해 하나님을 사랑하고 이웃을 나 자신처럼 사랑하는 것입니다. 너무나 분명합니다.

나를 보내신 이의 뜻은 내게 주신 자 중에 내가 하나도 잃어버리지 아니하고 마지막 날에 다시 살리는 이것이니라 요 6:39

여기서 하나님의 뜻은 무엇입니까? 우리 주변에 있는 이들 중에 한 사람도 잃어버리지 않고 다 구원하시는 것이 하나님의 뜻입니다.

하나님의 뜻은 이것이니 너희의 거룩함이라 곧 음란을 버리고 살전 4:3

항상 기뻐하라 쉬지 말고 기도하라 범사에 감사하라 이것이 그리스도 예수 안에서 너희를 향하신 하나님의 뜻이니라 살전 5:16-18

선을 행함으로 고난받는 것이 하나님의 뜻일진대… 벧전 3:17

이처럼 하나님의 뜻은 성경에 너무나 분명히 기록되어 있습니다. 하나님의 뜻은 애매하지 않습니다. 하나님은 우리가 알

듯 모를 듯 인도하시는 분이 아닙니다. 우리가 정말 걱정해야 할 것은 앞으로 우리에게 어떤 일이 일어나느냐 하는 미래가 아닙니다. 오늘 왜 내게 이런 일이 닥쳤느냐고 탄식하는 것도 아닙니다. 우리가 지금 목숨을 다하여 우리 하나님을 사랑하고, 이웃을 내 몸처럼 사랑하기를 힘쓰고 있느냐 하는 것입니다. 이것은 사실 우리가 다 아는 것입니다. 내일 일을 염려하지 말고 먼저 하나님의 나라와 그의 의를 구하기만 하면 됩니다. 그것으로 충분합니다.

하나님의 뜻은 어려운 것이 아닙니다. '지금 나의 가정, 직장, 교회에서 내가 어떻게 하면 하나님께서 가장 기뻐하실까?' 그것만 생각하며 사는 것입니다. 요셉은 애굽에 종으로 팔려가고 감옥에도 끌려갔지만, 그 모든 순간에 항상 하나님이 기뻐하시는 일을 했습니다. 하나님이 싫어하시는 것은 무슨 일이 있어도 거절하고, 하나님을 기쁘시게 하며 살았더니 결국 하나님께서 요셉의 미래를 다 이루어가셨습니다.

다윗도 마찬가지입니다. 그는 사울 왕의 미움을 받아 억울한 일도 많았고, 죽을 고비도 여러 번 넘겼습니다. 그에게 미래가 없는 것 같던 순간이 얼마나 많았습니까. 그러나 매 순간 하나님께서 어떤 것을 기뻐하실까 하는 생각만 했습니다. 그래서 사울 왕을 죽일 수도 있었지만 죽이지 않았던 것입니다. 하나님이 그것을 더 기뻐하시리라 여겼기 때문입니다. 그러자 하나님께서 다윗의 미래를 만들어가셨습니다.

하나님의 뜻을 받아들이지 않는 강한 나의 뜻

하나님의 뜻을 알려면 하나님 앞에, 사람 앞에, 자기 자신에게 정직해야 합니다.

> 하나님이여 내 속에 정한 마음을 창조하시고 내 안에 정직한 영을 새롭
> 게 하소서 시 51:10

우리 안에 정직한 마음이 있어야 합니다. 하나님의 뜻은 명확한데, 우리 마음이 복잡하고 더럽고 거짓 되기 때문에 하나님의 뜻이 자꾸 헷갈리는 것입니다. 마태복음 16장 21-24절에 예수님이 십자가 수난에 대해 말씀하셨을 때 베드로가 그런 일은 절대 일어나서는 안 된다면서 예수님의 십자가 길을 가로막았습니다. 예수님께서 직접 말씀하셨는데도 베드로가 그토록 거칠게 반대한 이유가 무엇입니까? 베드로의 마음에 자기 생각이 꽉 차 있었기 때문입니다. 하나님의 뜻은 승리, 성공, 기적, 축복이라 여겼지, 주님을 따라가려면 고난도 당해야

하나님의 인도하심을 구하라

할 것이라는 생각이 없었던 것입니다.

이것이 바로 우리의 모습입니다. 하나님께서 자신의 뜻을 말씀하시는데, 우리는 화내고 짜증을 부리고 절대 그런 일은 없을 거라는, 말도 안 되는 반응을 보입니다. 베드로가 예수님 앞에서 했던 것과 똑같습니다. 우리 스스로 자신을 속이고 있기 때문입니다. 정직하지 못한 것입니다. 우리가 진정으로 원하는 것은 하나님의 뜻을 구하고 그분의 인도하심을 받는 것이 아닙니다. 내가 원하는 대로, 내가 하고 싶고, 내가 되고 싶은 대로 되기를 바라는 내 뜻이 너무 강하니까 하나님의 뜻이 받아들여지지 않는 것입니다. 우리가 자기 생각만 하니 하나님의 뜻을 모르겠다고 하는 것입니다.

어느 청년이 신학교에 진학하는 문제를 놓고 고민했습니다. 그런데 아무리 기도해도 신학교에 가라는 하나님의 사인(sign)이 없다는 것입니다. 그래서 제가 그 청년에게 물었습니다. "지금 어떤 확인을 구하는가? 하나님이 무엇을 어떻게 해주셔야 주의 종의 길을 가겠다는 것인가? 하나님이 꿈에라도 나타나 '신학교에 가라, 그러면 내가 반드시 너로 하여금 목회에 성공하게 해주겠다'라고 하시는 응답이라도 기다리는가?" 그러자 그는 아무 말이 없었습니다.

대부분 하나님의 확인을 구하는 이유는 고생하지 않을 길을 가려고 하기 때문입니다. 성공의 길, 잘되는 길, 편안한 길을 찾아가려 하기 때문입니다. 정직하게 자신을 돌아보아야 합니다. 하나님께서 그 청년에게 주의 종으로의 부름을 확인해주지 않으신 것이 아니라, 그에게 어떠한 고난이나 죽음도 각오하겠다는 결단이 없었던 것입니다.

자기 영광을 위한 욕심을 거절하라

미국의 퀘이커 교도들을 부정적인 시각으로 보는 이들도 많지만, 그들의 신앙생활에서 본받을 점이 있습니다. 그들은 하나님의 뜻을 분별하기 위해 '명료화 위원회'라는 모임을 소집하는 전통이 있습니다. 주위 사람들을 초청하여 자신이 받은 하나님의 소명을 분별하는 시간을 갖는 것입니다. 모인 사람들은 당사자에게 질문하고 또 사려 깊게 듣기도 하면서 하나님의 인도하심인지 아닌지를 확인하도록 도와줍니다.

미국의 교육가이자 퀘이커 교도인 파커 파머(Parker Palmer)가 어느 대학교의 총장직을 제안받았습니다. 총장직을 수락하기만 하면 봉급, 지위, 영향력 모두 커질 것입니다. 파커는 명료화 위원회를 소집했고, 거기 모인 사람들이 그에게 여러 질문을 던졌습니다. 그중 한 사람이 그에게 이렇게 질문했습니다. "파커,

하나님의 인도하심을 구하라

당신은 총장이 되는 것이 왜 좋습니까?" 그는 이 질문에 정직하게 답해야 한다는 부담을 느꼈습니다. "총장 명패가 있는 내 사진이 벽에 걸린다고 생각하니 좋습니다." 그는 기어들어 가는 목소리로 간신히 대답했고 자신의 대답에 스스로 놀랐습니다. 그리고 긴 침묵이 흘렀습니다. 파커가 속으로 신음하며 진땀을 뺄 때 그 질문자가 침묵을 깨고 또다시 질문했습니다. "파커, 당신의 사진을 벽에 거는 더 쉬운 방법을 찾아보지 않겠습니까?" 그때 파커는 정신이 번쩍 들었다고 합니다.

우리가 하나님의 뜻을 알기 어려운 이유는 숨겨진 자기 욕망 때문입니다. 진짜 하나님의 뜻을 알고 싶고, 그 뜻에 온전히 복종하겠다는 순수한 마음이 있다면 하나님의 뜻을 아는 일은 그리 어렵지 않습니다. 빌리 그레이엄(Billy Graham) 목사님도 생전에 세 차례나 큰 유혹을 받았다고 합니다. 대학총장과 상원의원과 부통령직을 제안받은 것입니다. 그러나 그것이 다 자기 영광을 위한 욕심임을 알고 거절했습니다. 그렇게 해서 지금 우리가 아는 빌리 그레이엄 목사님이 있는 것입니다. 우리가 정직하게 하나님의 인도하심을 구하면 하나님은 반드시 우리를 이끄십니다.

하나님의 인도하심을 구하고 믿는 지혜

저는 앞이 캄캄한 상황을 여러 번 겪었습니다. 그때마다 하나님의 인도하심을 구했고 또 믿었습니다. 그래서 여기까지 올수 있었습니다. 그런데 지금 다시 한번 한 치 앞을 내다보기 힘든 상황에 처했습니다. 코로나19로 앞날을 예측하기 힘든 지금 저는 여전히 같은 마음입니다. 하나님께 인도하심을 구하면 반드시 응답해주시는 것을 믿습니다.

저는 한쪽 문이 닫혔다면 새롭게 열린 문은 어디인지 살펴봅니다. 지나고 보니 지난 11년 동안 교인들에게 예수동행일기를 쓰는 훈련을 한 것이 하나님의 인도하심이었음을 깨달습니다. 함께 모여 예배드리지 못하고, 교회 내 소모임도 갖지 못하여 참으로 답답할 때, 주님은 저에게 '모든 속회가 예수동행일기 나눔방이 되게 하라'는 마음을 주셨습니다. 그래서 교회 소그룹인 속회 공동체를 예수동행속회로 리뉴얼하게 되었는데, 그것이 하나님께서 새롭게 여시는 문 같았습니다.

코로나19 확산이 있기 전에 개설한 예수동행기도 사이트는 온라인 기도원이 되었습니다. 이런 단계를 거치면서 온라인 전도, 온라인 심방, 온라인 양육이 가능한 온라인 교회가 세워졌습니다. 이전과 같은 교회 중심의 목회는 큰 어려움을 겪고 있지만, 온라인 목회 사역의 영역이 이전과 비교할 수 없이 열리는 것을 봅니다. 예루살렘교회의 핍박으로 인하여 온 유대와 사마리아와 땅끝으로 복음이 전해진 것처럼 코로나19로 복음이 오히려 더 확산될 것이 확실해 보입니다.

저는 개인의 문제도 이와 같다고 믿습니다. "주님, 어떻게 하는 것이 목숨을 다해서 하나님을 사랑하는 것입니까? 어떻게 하는 것이 내 이웃을 내 몸과 같이 사랑하는 것입니까?" 하고 기도한다면 하나님의 뜻을 정확히 파악한 것입니다. 하나님의 뜻을 알기란 그리 어렵지 않습니다. 하나님의 뜻은 우리의 거룩함입니다. 고난받는 것이 하나님의 뜻입니다. 항상 기뻐하고 쉬지 말고 기도하고 범사에 감사하는 것입니다. 우리가 내일 어떤 일이 일어날지는 모르지만, 오늘 어떻게 살아야 하는지 그것만큼은 명확히 알 수 있습니다. 그렇게 오늘을 하나님의 뜻대로 살면 반드시 내일의 길이 열립니다. 하나님께서 놀랍게 미래를 열어주십니다.

주님은 제자들에게 "나를 따라오라"고 하셨습니다. 제자들은 그 주님을 따라갔습니다. 지금 주님은 우리에게 동일하게 말씀하십니다. 두려워하지 말고 방황하지 마십시오. 왜 우리를 이렇게 어렵게 하시냐고 한탄하지 마십시오. 하나님은 절대로 우리를 애매하게 인도하지 않으십니다. 우리가 주님께 지혜를 구하면 반드시 알게 됩니다. 지금 하나님이 기뻐하시

는 뜻대로 살아가십시오. 오직 순종만 하면서 간다면 하나님
께서 놀랍게 일하실 것입니다.

prayer points ‖‖‖

1 오직 하나님의 뜻을 구하게 하소서. 개인과 가정과 일터와 교회의
  문제에 관한 판단과 고집, 주장을 다 내려놓고 주님의 뜻만 알게 하
  소서.

2 주님이 하시려는 일이 우리의 기도 제목이 되게 하소서. 하나님의 소
  원이 우리 마음에 부어지게 하소서.

3 어떤 상황에서도 하나님의 인도하심을 확신하게 하소서. 열린 문이
  어디인지 알게 하소서. 두려워하지 않고 오직 순종만 하게 하소서.

하나님의 인도하심을 구하라

만일
하나님의
뜻이라면

12 갈리오가 아가야 총독 되었을 때에 유대인이 일제히 일어나 바울을 대적하여 법정으로 데리고 가서 13 말하되 이 사람이 율법을 어기면서 하나님을 경외하라고 사람들을 권한다 하거늘 14 바울이 입을 열고자 할 때에 갈리오가 유대인들에게 이르되 너희 유대인들아 만일 이것이 무슨 부정한 일이나 불량한 행동이었으면 내가 너희 말을 들어 주는 것이 옳거니와 15 만일 문제가 언어와 명칭과 너희 법에 관한 것이면 너희가 스스로 처리하라 나는 이러한 일에 재판장 되기를 원하지 아니하노라 하고 16 그들을 법정에서 쫓아내니 17 모든 사람이 회당장 소스데네를 잡아 법정 앞에서 때리되 갈리오가 이 일을 상관하지 아니하니라 18 바울은 더 여러 날 머물다가 형제들과 작별하고 배 타고 수리아로 떠나갈새 브리스길라와 아굴라도 함께 하더라 바울이 일찍이 서원이 있었으므로 겐그레아에서 머리를 깎았더라 19 에베소에 와서 그들을 거기 머물게 하고 자기는 회당에 들어가서 유대인들과 변론하니 20 여러 사람이 더 오래 있기를 청하되 허락하지 아니하고 21 작별하여 이르되 만일 하나님의 뜻이면 너희에게 돌아오리라 하고 배를 타고 에베소를 떠나 22 가이사랴에 상륙하여 올라가 교회의 안부를 물은 후에 안디옥으로 내려가서 23 얼마 있다가 떠나 갈라디아와 브루기아 땅을 차례로 다니며 모든 제자를 굳건하게 하니라

사도행전 18:12-23

하나님의 인도하심을 구하라

이것이 하나님의 인도하심인가?

지금 우리의 문제는 코로나19 감염병도, 경제적 위기도 아닙니다. 하나님께서는 이 어려움이 빨리 사라지고 다시 편안한 때가 오기만을 구하지 말라고 하십니다. 이 시기에 필요한 것은 '어떻게 하면 하나님의 인도하심을 받을 수 있을까?', '주님이 원하시는 것은 무엇일까?'에 집중하는 것입니다. 염려와 근심을 주님께 맡기고 지금부터라도 철저히 하나님의 인도하심을 받고 사는 훈련을 하는 것입니다.

사도행전 18장에서 하나님의 인도함을 받는 사도 바울의 모습은 대단히 감동적입니다. 바울이 고린도에서 처음 복음을 전할 때만 해도 그는 크게 두려워했습니다. 그가 예수 그리스도의 부활 복음을 전할 때 결신자가 생기리라는 확신도 없었습니다. 그런 사도 바울에게 주님은 환상 가운데 말씀하셨습니다.

밤에 주께서 환상 가운데 바울에게 말씀하시되 두려워하지 말며 침묵하

지 말고 말하라 내가 너와 함께 있으매 어떤 사람도 너를 대적하여 해롭

게 할 자가 없을 것이니 이는 이 성 중에 내 백성이 많음이라 하시더라

행 18:9,10

사도 바울은 하나님의 응답을 받고 마음을 바꾸어 계속 복
음을 전했습니다. 그리고 마침내 고린도에 교회가 세워진 것
입니다. 이렇듯 주님의 인도하심만 분명하다면 상황이 아무리
어려워도 방황하지 않게 됩니다. 사도 바울의 이 태도가 우리
에게 정말 필요합니다. 지금 우리의 문제와 눈앞에 상황만 보
면 아무것도 할 수 없을 것 같습니다. 그러나 기도하지 않고
걱정만 해서는 안 됩니다. 이때야말로 진정으로 기도하고 하
나님의 뜻을 분별해야 합니다. 하나님 앞에 간절히 기도하면
마음이 달라짐을 깨닫게 됩니다. 그때 주시는 주님의 응답을
붙잡고 나아가야 합니다.
　사도 바울이 계속해서 복음을 전하자 고린도 시 안에 예수
믿는 사람들이 많아졌습니다. 이에 유대인들이 그를 총독에게
고소하려 했습니다. 하지만 뜻대로 되지 않고 재판정에서 쫓
겨나자 그들은 회당장 소스데네를 붙잡아 때렸습니다. 사도
바울을 어떻게 할 수 없으니 바울에게 회당에서 복음을 전할

기회를 준 소스데네를 때린 것입니다. 회당장의 입장에서 보면 얼마나 억울하고 고통스러운 일입니까? 그러나 이렇게 매 맞은 것이 소스데네에게 오히려 복이 되었습니다.

고린도전서 1장 1절은 "바울과 형제 소스데네"라고 기록하였습니다. 소스데네가 사도 바울과 '형제'로 언급됩니다. 좀 더 정확한 의미는 바울과 동역하는 영광스러운 사역자가 되었다는 것입니다. 소스데네가 사도 바울 때문에 당한 봉변은 마치 구레네 사람 시몬이 예수님의 십자가를 억지로 진 것과 같습니다. 그런데 그 일 이후 구레네 시몬의 두 아들 알렉산더와 루포가 초대교회의 훌륭한 지도자가 됩니다. 이로써 믿음의 명문 가문이 세워지는 영광을 누립니다. 소스데네 역시 복음 때문에 매 맞은 것이 그를 초대교회의 존귀한 위치에 세워 준 것입니다.

그러니 편하고 쉽고 풍요로운 것만 하나님의 복이라고 생각해서는 안 됩니다. 지금 나에게 일어난 일이 좋은 일인지 나쁜 일인지 속단하지 말아야 합니다. 세상적인 기준, 육신적인 기준으로 판단하면 안 됩니다. 때때로 소스데네처럼 매 맞은 일이 평생의 간증이 될 수도 있습니다. 결국 중요한 것은 하나님의 뜻입니다. "이것이 하나님의 인도하심인가?" 하는 것입니다.

하나님의 인도하심에 대한 갈망이 있는가?

우리가 하나님의 인도하심을 받으려면 하나님의 인도하심에 대한 갈망이 있어야 합니다. 사도 바울이 에베소에서 가이사랴로 가려고 할 때, 에베소 사람들은 바울이 에베소에 더 머물기를 요청했습니다. 그때 바울은 에베소 사람들의 요청을 거절하며 말했습니다.

> 만일 하나님의 뜻이면 너희에게 돌아오리라 행 18:21

"만일 하나님의 뜻이면", 이것이 사도 바울의 갈망이 무엇인지 대변해줍니다. 순회 전도자의 삶이란 얼마나 불안정하고 힘이 듭니까? 누구에게나 긴 여행은 쉽지 않습니다. 더욱이 당시 복음 전도자의 삶은 핍박을 받는 삶입니다. 그럴 때 예수를 믿는 사람들이 생기면 얼마나 기쁘겠습니까? 그들이 좀 더 머물러달라고 붙잡으면 못 이기는 척하고 "그럴까요?"라고 하고 싶지 않겠습니까?

그러나 사도 바울은 자신이 더 있고 싶다고 있어본 적이 없고, 자신이 가고 싶다고 가는 그런 사람이 아니었습니다. 사도 바울에게 그 기준은 항상 하나님의 뜻이었습니다. 하나님의 뜻이면 머물기도 하고 떠나기도 하는 것입니다. 오직 하나님의 인도하심에 순종했던 사람이었습니다. 이 사도 바울과 같이 "하나님의 뜻이면"이라는 고백이 우리의 고백이 되고, 우리에게 적용되기를 기도해야 합니다. 하나님의 뜻이 가장 중요하기 때문입니다.

사도 바울이 2차 전도여행을 마치고 예루살렘으로 갈 때도 그 여정을 보면 굳이 예루살렘에 갈 필요가 있었을까 싶을 정도입니다. 가이사랴에서 예루살렘까지 가려면 104킬로미터 거리입니다. 그렇다고 예루살렘에 오래 머문 것도 아닙니다. 하나님께서 이방인들에게 얼마나 놀랍게 복음의 문을 여셨는지 예루살렘교회에 보고만 하고 바로 돌아서서 안디옥으로 갑니다. 거기서 다시 안디옥까지는 480킬로미터 거리입니다. 간단히 소식만 전하기에 너무나 먼 거리의 여행입니다. 이방인 선교를 향한 하나님의 역사에 대하여 예루살렘교회에 알려야 한다고 주님이 그를 인도하시지 않았다면 이해할 수 없는 여행입니다.

그래서 3차 전도여행까지 떠난 것입니다. 그는 자신이 하려는 일이 얼마나 고생스러운지는 전혀 중요하지 않았습니다. 사도 바울은 정말 주님의 인도하심에 자신을 완전히 맡긴 사람이었습니다. 이것이 사도 바울의 위대함입니다. 그렇기에 그가 로마까지 전도여행을 완수할 수 있었던 것입니다. 자신

의 생각과 좋고 싫은 감정에 따라 움직였다면 결코 이룰 수
없었던 전도여행이었습니다.

하나님은 우리 한 사람 한 사람을 사도 바울처럼 쓰기를 원
하십니다. 그러려면 우리에게도 사도 바울과 같이 "만일 하나
님의 뜻이면" 무조건 순종이라는 결단이 있어야 합니다. 오직
하나님의 뜻이 어디에 있는지 찾고, 하나님이 원하시는 것에
기준을 두고, 하나님의 뜻이라면 무엇이든지 하겠다는 자세
를 갖는 것입니다.

내 선택이 최선일 거라는 착각

우리는 지금 무엇이든지 자신이 선택해야 한다고 생각하는 시
대에 살고 있습니다. 그리고 자기가 선택한 것이 가장 좋을 거
라는 착각에 빠져 있습니다. 예전에는 자신이 배우자를 선택
할 수 있다고 생각하지 못하던 시절이 있었습니다. 결혼 상대
를 부모가 정하고 당사자들은 결혼식장에서 결혼할 사람을
만나기도 했습니다. 그리 오래되지 않은 이야기입니다. 아니,
배우자를 부모가 정하다니, 요즘 젊은 세대에게는 상상할 수
없는 일입니다. 자기가 선택하면 가장 좋은 선택을 할 수 있
다는 생각이 밑바탕에 깔려 있기 때문입니다. 저는 결혼 배우

자를 부모가 선택해야 하느냐, 본인들이 선택해야 하느냐 하는 문제를 말하려는 것이 아닙니다. 시대가 그렇게 바뀌었다는 말입니다. 우리는 무엇이든 내 선택이 가장 좋은 선택일 거라고 생각합니다. 그래서 '하나님의 뜻대로'라는 말 자체가 선뜻 잘 와닿지 않습니다.

자녀들에게 선물을 할 때도 부모가 기껏 생각하고 사줬는데, 아이들이 실망하거나 심지어 화를 내는 일도 있습니다. 아이들은 자기가 원하는 것을 직접 골라야 만족합니다. 그러면 실제로 장난감이 가득 진열된 곳에 가서 마음에 드는 것을 하나 고르라고 한다면 아이들이 행복해할까요? 가지고 싶은 것이 너무 많아 선택의 어려움을 겪을 것입니다. 다른 것도 사달라고 떼를 쓰기도 하고, 자기가 선택하지 않은 것이 더 좋은 것이 아닐까 하는 미련도 남습니다.

우리의 인생도 똑같습니다. 내가 원하는 대로 결정하면 그것이 가장 좋을 것 같은데, 지나고 보면 그것 때문에 어려움을 겪는 경우가 많습니다. 지금은 전부 스스로 배우자를 택하는 시대입니다. 그러면 예전 시대의 결혼생활과 요즘 젊은 세대의 부부생활 중 어느 쪽이 더 행복할까요? 자기 스스로 선택했으니 요즘은 비교할 수 없이 행복할까요? 그렇지 않다는 데 문제가 있습니다.

선택권 내려놓기

이제는 우리가 예수 믿는 사람으로서 이 시대의 흐름을 정확히 분별할 줄 알아야 합니다. 뭐든지 내가 선택해야 하고, 내 눈에 좋고, 나를 행복하게 해줄 것 같아 보이는 것에 속으면 안 됩니다. 하나님을 믿지 않는 사람이라면 어쩔 수 없겠지만, 하나님을 믿는 사람이라면 하나님께서 생사화복을 주관하신다는 것을 기억해야 합니다. 하나님은 사람을 나게도 하시고, 죽게도 하시고, 한 나라를 일으키기도 하시고, 폐하기도 하시는 분입니다. 그 하나님을 진짜 믿는 사람이라면 이제는 자신의 인생의 문제에 대해서 자기 뜻보다 하나님의 뜻을 구하는 자세를 가져야 마땅합니다. 선택권을 겸손히 하나님께 맡겨 드려야 합니다. 이것은 지금의 시대정신과는 반대로 가는 것입니다.

우리는 자기가 소원하는 대로 되기를 갈망합니다. 그리고 하나님은 그것을 도와주시는 분으로 여깁니다. 사실 저도 하나님의 뜻에 순종하기보다 제가 소원하는 대로 되었으면 좋겠다고 생각하던 때가 있었습니다. 누구나 다 그럴 것입니다. 처음에는 하나님의 뜻대로 사는 것은 고생길이라 여겼습니다. 하나님은 언제나 싫은 것을 하라 하시고, 하고 싶은 것은 하지 말라는 분 같았습니다. 인색하고 까다로운 하나님, 잔인

하나님의 인도하심을 구하라

한 하나님, 이해하기 어려운 하나님이라고 생각했습니다.

그런데 어느 날 주님께서 갑자기 한 생각을 주셨습니다. '내가 무엇을 알기에 무엇이 되고 무엇이 안 되기를 그토록 갈망하는가?' 생각해보니 정말 제가 알 수 있는 문제가 아니었습니다. 그때 비로소 내가 원하는 대로, 내 눈에 좋은 대로 고집하는 일이 어리석다는 생각이 들었고, 내 뜻이 이루어지게 해달라는 기도를 포기하게 되었습니다.

진정한 지혜는 하나님의 뜻이 이루어지는 것이지, 우리의 소원이 이루어지는 것이 아닙니다. 하나님이 좋으신 하나님이라는 것을 깨닫고, 그 주님이 나와 함께 계신다는 믿음이 생기자 어느덧 제 마음의 소원도 주님이 원하시는 대로 사는 것이 되었습니다. 이보다 더 놀라운 지혜가 어디 있겠습니까?

나는 주님의 양인가?

어느 목사님이 제가 사역하는 교회의 이름을 거론하며 "선한 목자교회, 그 이름만 들어도 얼마나 은혜로울지 상상이 되네요"라고 말씀하신 적이 있습니다. 그때 옆에 있던 한 목사님이 아주 시니컬하게 "정말 그럴까요? '선한 목자' 교회지 '선한 양' 교회는 아니잖아요"라고 말씀하셔서 잠시 아무 말도 하지 못했습니다. 그 날은 그렇게 웃으며 지나갔지만 저는 그 목사님의 말이 종종 생각났습니다. '예수님이 선한 목자이시기 때문에 교회가 무조건 편안하고 은혜로운가? 아닐 수 있겠구나! 우리가 다 선한 양이어야 교회가 편안하겠구나!'

요즘 코로나19 확산으로 인해 어려움을 겪으면서 하나님의 인도하심과 주님의 역사하심을 구하며 간절히 기도하게 됩니다. 기도하면서도 주님이 목자이신데 속 시원히 '이렇게 하라', '저렇게 하라'는 명확한 이끄심이 없는 것 같아 답답하기만 했습니다. 그런데 불현듯 제 안에서 '나는 주님의 양인가?'라는 질문이 떠오르는데 선뜻 대답하지 못했습니다. 그러자 지금 제 문제가 무엇인지 알게 되었습니다.

저는 한 교회의 담임목사로서 교회의 많은 일을 결정합니다. 강단에서 설교하고, 목회 계획도 세우고, 회의를 주관하고, 사람들을 이끌어야 합니다. 그에 따른 책임도 무겁습니다. 그런데 그러다보니 제가 양 같지 않은 것입니다. 선한목자교회의 담임목사인 저도 제가 양 같지 않고, 사람들도 저를 양으로 보기 힘들 것입니다. 그래도 꽤 영향력 있는 사람으로 볼 것입니다. 그래서 문제라는 것이 깊이 깨달아졌습니다.

코로나19로 한 치 앞을 내다보기 힘들고, 모든 것이 무거운 짐으로 여겨지고, 스트레스가 쌓이고, 조급하고 두려워서 당

하나님의 인도하심을 구하라

장 무언가 해야 할 것 같은 마음이 든다면 그 자체가 위기입니다. 어느새 자신이 주님의 양인 것을 잊어버렸기 때문입니다.

철저하게 양이 되어라

'양'이라고 하면 착하다는 이미지가 떠오르는데, 성경이 말하는 양의 이미지는 그렇지 않습니다. 약하고 어리석다는 것이 더 정확할 것입니다. 이사야 선지자는 이렇게 말했습니다.

> 우리는 다 양 같아서 그릇 행하여 각기 제 길로 갔거늘 여호와께서는 우리 모두의 죄악을 그에게 담당시키셨도다 사 53:6

우리가 다 양 같아서 그릇 행한다는 것입니다. "당신은 정말 양 같으시네요!"라는 말은 사실 "당신, 정말 약하고 미련하고 고집불통이고 혼자서 살 능력이 없으시군요"라는 말입니다. 실제로 양을 길러본 사람들의 이야기를 들어보면 양은 정말 미련하고 약한데 고집이 세다고 합니다. 같은 자리에 있는 풀만 뜯어 먹어서 목자가 목초지를 이동시켜주지 않으면 그 땅이 아예 못 쓰게 됩니다. 계속 같은 길만 가고 시력도 좋지 않습니다.

그러면 주님은 왜 우리를 양이라고 하셨을까요? 양은 착하지도 똑똑하지도 강하지도 않습니다. 오직 목자만 죽어라 하고 따라다니는 짐승입니다. 양은 스스로 살아갈 방법이 없습니다. 목자가 항상 이끌어주어야 합니다. 그것이 양이 생존할 수 있는 유일한 길입니다. 목자와 떨어지면 양은 죽습니다. 그러므로 주님의 양인 사람은 '나는 예수님 없으면 죽는다'라는 마음으로 사는 사람이라는 뜻입니다.

저는 어려서부터 주님은 선한 목자이시고 우리는 양이라고 노래도 부르고 말씀도 들었지만, 양이 되고 싶은 마음이 없었습니다. 연극에서 양의 배역을 맡아 양 머리 분장이라도 하면 친구들의 놀림의 대상이 됩니다. 누구나 사자나 호랑이, 독수리가 되고 싶어 합니다. 누가 양이 되고 싶겠습니까?

양이 되고 싶지 않은 것, 자기가 양이라는 자의식이 없는 것, 이것이 지금 코로나19로 어려운 시기에 우리가 혼란에 빠지는 이유입니다. 지금 우리가 살길은 양이 목자만 따라가는 것처럼 오직 예수님만 따라가는 것밖에 없습니다. 우리 모두 철저히 양이 되어야 합니다.

하나님의 인도하심을 구하라

주님의 양이 되어가는 삶

예수님이 "내 양은 내 음성을 들으며 나는 그들을 알며 그들은 나를 따르느니라"(요 10:27)라고 말씀하셨습니다. 우리는 이 말씀대로 살아야 합니다. 예수님이 목자이시고 나는 양입니다. 우리가 주님의 음성을 듣고 주님을 따라 살면 지금 이 시기가 평생 간증하게 되는 시기가 될 것입니다. 예수님이 그렇게 만드신다는 것입니다. 주님께서 친히 놀라운 약속을 하셨습니다.

> 내가 그들에게 영생을 주노니 영원히 멸망하지 아니할 것이요 또 그들을 내 손에서 빼앗을 자가 없느니라 그들을 주신 내 아버지는 만물보다 크시매 아무도 아버지 손에서 빼앗을 수 없느니라 요 10:28,29

주님이 우리를 양이라고 말씀하신 이유는 하나님의 손에서 우리를 빼앗으려고 하는 존재가 있기 때문입니다. 그러니까 양인 우리가 있는 힘을 다해 목자를 따라 살아야 하고, 그렇게 하면 우리는 어떤 상황에서도 안전하다는 것입니다. 그냥 양이 아니라 '주님의 양'이 되어야 합니다. 그러면 걱정하거나 염려할 필요가 없습니다. 탄식하고 좌절하지도 않습니다. 그저 목자가 이끄는 대로 따라갈 것뿐입니다. 그러면 거기에 풀이 있고 물이 있고 쉴 만한 곳이 있습니다. 주위에 이리나 늑대가 있어도 안전합니다. 그것이 양의 삶입니다.

저는 예수동행일기를 쓰면서 '내가 양이 되어가는구나!' 하고 깨달았습니다. 매일 일기를 쓰다보니까 어느 하루도 흐지부지 끝내지 않습니다. 나의 하루를 주님 앞에 내어놓고 주님의 마음을 구하는 것이 제가 주님의 양이라는 증거였습니다. 매일 일기를 쓰면서 24시간 주님을 바라보며 오직 예수님만 원하고, 예수님 한 분이면 충분하고, 예수님이 이끄시는 대로만 살고 싶은 것이 양의 마음입니다.

일기를 계속 쓰며 살아보니 일기에 쓸 수 없는 일은 하지 못합니다. 그렇게 10여 년을 살아왔더니 저에게 무슨 특별한 능력이 있거나 재주가 있지 않은데도 하나님의 인도하심을 받으며 사는 간증이 제 삶 가운데 계속 생겼습니다. 제가 주님의 양이 되니까 주님이 이렇게도 인도하시고, 저렇게도 이끄시는 삶을 살아가는 것입니다. 코로나19 확산으로 경험해보지 못한 혼란스러운 상황에 처해 있지만, 주님이 이끄실 것이 믿어집니다. 앞으로 어떤 일이 일어날지는 전혀 예측할 수 없지만, 주님이 함께 계신 것만큼은 확실히 믿으니까 주님만 따라가면 되는 것입니다.

하나님의 인도하심을 구하라

순종하면 알게 된다!

문제는 "어떻게 하면 하나님의 뜻을 알 수 있는가?" 하는 것입니다. 그런데 사실 그것도 문제가 아닙니다. 주님이 바로 하나님의 뜻이기 때문입니다. 주님은 우리에게 얼마든지 그분의 뜻을 가르쳐주십니다. 하나님은 우리를 괴롭히고 골탕 먹이려고 하나님의 뜻을 감추시는 것이 아닙니다. 우리가 그것을 찾나 못 찾나 시험하시는 분도 아닙니다. 하나님께서는 어떻게든 우리에게 하나님의 뜻을 가르쳐주려고 하십니다.

한번은 저희 교회에서 사역하시는 김태훈 목사님이 설교 중에 하신 이야기를 인상 깊게 들었습니다. 청년 때 주의 뜻을 분명히 듣고 결정해야 할 일이 생기면 기도하기 위해 금식기도원에 들어갔는데, 대부분 하루도 안 되어 나왔다고 합니다. 금식이 어려워서 그런 것이 아니라 하나님의 뜻이 금세 깨달아졌기 때문입니다. 하나님의 뜻은 전혀 새로운 것이 아니라 평소 예배와 말씀을 통해 이미 알고 있고, 사람을 통해 이미 알고 있던 것들이었다고 합니다. 알고 있었지만 그 말씀에 즉시 순종하지 못해 방황하고 있었을 뿐입니다. 하나님의 뜻을 깨달았고 이제 순종할 일만 남았으니 곧장 기도원을 내려왔다는 것입니다.

정말 그렇습니다. 우리 삶을 향한 하나님의 뜻은 절대로 어렇지 않습니다. 성경을 펼쳐서 매일 진지하게 말씀을 묵상하고, 그 말씀이 내게 이루어지기를 기도해보십시오. 그러면 하나님이 나에게 원하시는 것이 무엇인지 알 수 있습니다. 우리의 문제는 하나님의 뜻을 아는 것이 아니라 이미 아는 하나님의 뜻에 순종하는 것입니다.

주님이 원하시는 기도

예수원을 설립한 고(故) 대천덕 신부님은 가르치는 은사가 있었습니다. 그런데 가르치는 사역의 길은 막히고 계속 목회만 하게 되었습니다. 자신은 학교에서 학생들을 가르치는 것이 훨씬 더 재미있고 잘하는 일인데, 목회는 정말 힘들었다고 합니다. 그래서 하나님 앞에 가르치는 사역의 길을 열어달라고 기도하고 기도하다가 이렇게 기도를 바꾸었다고 합니다.

"하나님, 제가 목회하는 것이 주님의 뜻이라면 목회를 즐겁게 하게 해주옵소서." 그 때 그는 하나님께서 웃으시는 것을 느꼈다고 했습니다. "진작 그렇게 기도하지!" 그 뒤로 정말 목회가 즐겁고 기뻤다고 합니다. 그리고 얼마 후 영국성공회에서 한국의 신학교 학장으로 파송을 받아 드디어 가르치는 은사를 사용할 수 있게 되었습니다. 그런데 한국의 신학생들을 가르치면서 그동안 자신의 목회 경험이 큰 도움이 된다는 것을 깨달았다고 했습니다.

여러분, 하나님의 인도하심은 지금 우리의 삶에 실제로 일어나는 일들입니다. 그러려면 먼저 우리의 마음이 바뀌고 기도가 달라져야 합니다. "제가 원하는 대로 하게 해주세요"가 아니라 "주님, 제가 해야 하는 일이라면 감사하며 하게 해주세요. 정말 사랑하며 하게 해주세요"라고 기도하는 것입니다. 이것이 지혜로운 기도입니다.

요셉이 애굽의 총리가 되고 나서 아버지 야곱을 장사 지내기 위해 가나안으로 잠시 돌아온 적이 있습니다. 그때 요셉이 과거 자신이 던져졌던 광야의 구덩이를 지나갔다는 유대 전승이 있습니다. 사실 요셉에게 그 구덩이는 다시 가보고 싶지 않은 곳입니다. 형들이 자신을 죽이기 위해 던져 넣은 구덩이가 아닙니까? 어쩌면 밤마다 그 구덩이에서 살려달라고 소리치는 꿈을 꾸었을지도 모릅니다. 정말 생각하기도 싫은 과거이자 마음에 엄청난 상처를 남긴 구덩이입니다.

그런데 요셉은 그 구덩이를 향해 축복하고 하나님께 감사기도를 드렸다고 합니다. 왜 그렇습니까? 그 구덩이에 던져졌기 때문에 자신이 지금 애굽의 총리에 오를 수 있었습니다. 구덩이에 빠져 끔찍한 밤을 보냈기 때문에 온 가족을 환난에서

구한 것입니다. 여러분, 하나님의 뜻대로 사는 것이 가장 지혜
로운 일입니다.

아버지의 뜻을 바라는 기도

내 아버지여 만일 할 만하시거든 이 잔을 내게서 지나가게 하옵소서 그
러나 나의 원대로 마시옵고 아버지의 원대로 하옵소서 마 26:39

우리는 예수님이 겟세마네 동산에서 하신 기도를 해야 합니
다. 우리가 사는 날 동안 단 한 번 기도할 기회가 주어진다면
이 기도를 해야 할 것입니다. "내 뜻대로 마시고 아버지 뜻대
로 하소서." 그것만이 살길입니다. 그것이 지혜입니다. 오늘도
우리 삶의 문제 해결은 여기서 나옵니다. 하나님께서 그 기도
에 반드시 응답해주십니다. 지금부터 우리는 하나님이 응답
해주실 기도를 해야 합니다. 내 뜻이 아닌 아버지의 뜻을 바
라는 기도를 드리면 개인의 문제, 가정의 문제, 일터의 문제,
교회의 문제를 하나님께서 명확하게 이끄실 것입니다.

여러분의 삶의 문제를 주님께 온전히 맡기고, 문제에서 벗어
나게 되기를 축복합니다. 지금 갇힌 수렁에서 오히려 감사함

하나님의 인도하심을 구하라

으로 일어나게 되기를 바랍니다. 하나님께서는 어떤 길이 선한 길인지 가장 잘 아십니다. 하나님 앞에 무릎 꿇고 "하나님, 무엇이 당신이 기뻐하시는 것입니까? 당신의 뜻이 어떤 것입니까?" 기도하며 '하나님 우선', '하나님 제일'로 사시기를 바랍니다.

prayer points |||||||||||||||||||||||||||||||||||||||||||||||||||||||||||||||||||||||||||||||||||||||||||||||||||||||||||||||||

1　내 뜻대로 하지 마시고 아버지의 뜻대로 하시옵소서. 개인 문제, 가정 문제, 직장 문제 등 모든 문제를 내 뜻대로 결정하지 않고 오직 하나님 아버지의 뜻대로 구할 수 있도록 기도하게 하소서.

2　지금 이 시간, 하나님의 뜻을 깨닫게 하여주소서. 옳고 그름을 판단하지 않고 나의 주장, 고집, 소원 모든 것을 다 내려놓고 주님의 뜻만 원하게 하소서.

3　어떤 상황에서도 하나님의 뜻이 최선임을 믿게 하소서. 그 하나님의 뜻을 감사히 받으며 순종할 힘을 허락하소서.

하나님의
뜻을 알면
길이 분명하게 보인다

1 우리가 그들을 작별하고 배를 타고 바로 고스로 가서 이튿날 로도에 이르러 거기서부터 바다라로 가서 2 베니게로 건너가는 배를 만나서 타고 가다가 3 구브로를 바라보고 이를 왼편에 두고 수리아로 항해하여 두로에서 상륙하니 거기서 배의 짐을 풀려 함이러라 4 제자들을 찾아 거기서 이레를 머물더니 그 제자들이 성령의 감동으로 바울더러 예루살렘에 들어가지 말라 하더라 5 이 여러 날을 지낸 후 우리가 떠나갈새 그들이 다 그 처자와 함께 성문 밖까지 전송하거늘 우리가 바닷가에서 무릎을 꿇어 기도하고 6 서로 작별한 후 우리는 배에 오르고 그들은 집으로 돌아가니라 7 두로를 떠나 항해를 다 마치고 돌레마이에 이르러 형제들에게 안부를 묻고 그들과 함께 하루를 있다가 8 이튿날 떠나 가이사랴에 이르러 일곱 집사 중 하나인 전도자 빌립의 집에 들어가서 머무르니라 9 그에게 딸 넷이 있으니 처녀로 예언하는 자라 10 여러 날 머물러 있더니 아가보라 하는 한 선지자가 유대로부터 내려와 11 우리에게 와서 바울의 띠를 가져다가 자기 수족을 잡아매고 말하기를 성령이 말씀하시되 예루살렘에서 유대인들이 이같이 이 띠 임자를 결박하여 이방인의 손에 넘겨 주리라 하거늘 12 우리가 그 말을 듣고 그 곳 사람들과 더불어 바울에게 예루살렘으로 올라가지 말라 권하니 13 바울이 대답하되 여러분이 어찌하여 울어 내 마음을 상하게 하느냐 나는 주 예수의 이름을 위하여 결박 당할 뿐 아니라 예루살렘에서 죽을 것도 각오하였노라 하니 14 그가 권함을 받지 아니하므로 우리가 주의 뜻대로 이루어지이다 하고 그쳤노라

사도행전 21:1-14

하나님의 인도하심을 구하라

하나님의 뜻대로 행하는 자가 누구인가?

코로나19로 인해 무거운 마음으로 기도하던 중에 하나님께서 기억나게 하신 것이 있습니다. 제가 지금껏 살아오면서 이미 많은 어려움을 겪어왔다는 사실입니다. 그리고 그 어려웠던 시절에 한결같이 하나님의 놀라운 은혜가 있었다는 것을 알게 하셨습니다. 지금이 그런 때입니다. 지금 겪는 어려움이 훗날 은혜의 간증이 될 것이라는 생각이 들었습니다. 그러자 무거운 마음을 떨쳐버리고 믿음으로 찬송하고, 믿음으로 감사하고, 믿음으로 오직 하나님이 기뻐하실 일만 하겠다는 결심이 섰습니다.

여러분도 살면서 예상하지 못한 어려운 일을 겪게 될 것입니다. 그러나 어렵다고 해서 꼭 망하는 것은 아닙니다. 그 시기를 잘 보내기만 하면 오히려 은혜의 시간이 됩니다. 반드시 그렇게 됩니다.

나는 비천에 처할 줄도 알고 풍부에 처할 줄도 알아 모든 일 곧 배부름

과 배고픔과 풍부와 궁핍에도 처할 줄 아는 일체의 비결을 배웠노라

빌 4:12

사도 바울의 이 고백이 참 놀랍습니다. 우리도 좋은 시절만 바라기 때문에 지치고 낙심하는 것입니다. 하나님은 좋은 시절이나 어려운 시절이나 상관없이 어떤 형편에서도 흔들리지 않는 비결을 가르쳐주십니다. 그러면 문제가 되지 않습니다. 그 비결이 무엇입니까? 그것은 예수님 안에 거하는 것입니다.

내게 능력 주시는 자 안에서 내가 모든 것을 할 수 있느니라 빌 4:13

내게 능력을 주시는 이는 예수 그리스도이십니다. 우리는 예수님 안에서 모든 것을 할 수 있습니다. 사도 바울이 예수님 안에 있었더니 어떠한 형편에서든지 잘 살아낸 것입니다. 우리는 예수님 안에 거해야 무너지지 않고 하나님의 뜻대로 살아갈 수 있습니다. 여러분, 지금이야말로 예수님 안에서 사는 법을 분명히 배워야 할 때입니다.

우리의 문제는 환경이 어려운 것이 아닙니다. 지금 어떻게 하나님의 뜻대로 사느냐 하는 것입니다.

하나님의 인도하심을 구하라

나더러 주여 주여 하는 자마다 다 천국에 들어갈 것이 아니요 다만 하늘에 계신 내 아버지의 뜻대로 행하는 자라야 들어가리라 마 7:21

하나님께서 우리를 보실 때 하나님의 뜻대로 살고 있느냐 하는 것을 주목하여 보신다는 것입니다. 아무리 풍족하고 성공한 것 같아도 하나님의 뜻대로 살지 않는 사람은 하나님의 마음을 아프게 하는 사람일 뿐입니다. 지금 실패하고 시련을 겪고 있더라도 하나님의 뜻대로 사는 사람을 보면 하나님께서 손뼉을 치며 기뻐하십니다.

한번은 예수님의 어머니와 동생들이 예수님을 만나려고 찾아왔지만 많은 사람들 때문에 가까이 갈 수 없었습니다. 그래서 사람들이 예수님에게 선생님의 어머니와 동생들이 밖에 서 있다고 알리자 예수님은 이런 의미 있는 말씀을 하셨습니다.

누가 내 어머니이며 내 동생들이냐… 누구든지 하늘에 계신 내 아버지의 뜻대로 하는 자가 내 형제요 자매요 어머니이니라 하시더라 마 12:48,50

주님의 관심은 "하나님 아버지의 뜻대로 행하는 자가 누구인가?"에 있습니다. 지금도 똑같습니다. 지금의 상황이 어렵고 경제적으로 얼마나 위기인가에 관심을 두는 것이 아니라 어떻게 하면 이 상황에서 하나님의 뜻대로 살 것인가에 집중해야 합니다.

하나님의 뜻으로 당하는 고난

사도 바울이 3차 전도여행을 마치고 예루살렘으로 가야겠다는 성령의 인도하심을 받습니다. 그런데 아이러니하게도 그 당시 성령으로 충만했던 많은 사람들은 한결같이 사도 바울이 예루살렘에 가는 것을 반대했습니다.

> 제자들을 찾아 거기서 이레를 머물더니 그 제자들이 성령의 감동으로
> 바울더러 예루살렘에 들어가지 말라 하더라 행 21:4

두로에서 만난 제자들도 성령의 감동으로 바울에게 예루살렘에 올라가지 말라고 했습니다. 바울이 그곳을 떠나 가이사랴의 전도자 빌립의 집에 머무를 때 그의 딸들이 다 예언하는 사람이었습니다(행 21:8,9). 또 아가보라는 선지자는 예루살렘에 가면 유대인들이 바울을 결박하여 이방인들에게 넘겨줄 것이라고 예언합니다(행 21:10,11). 그 사람들은 다 성령 충만

한 사람들이었습니다.

그러면 사도 바울이 성령을 거슬러 예루살렘에 가겠다고 한 것입니까? 아닙니다. 성령께서 사도 바울에게 예루살렘에 가지 말라고 하신 것은 아니었습니다. 사도 바울은 사람들의 말을 듣고도 예루살렘에 가고자 하는 마음이 변치 않았습니다. 물론 성도들이 성령의 감동을 받아 사도 바울의 예루살렘 행을 막았던 것은 사실입니다. 그런데 그것은 성령께서 사도 바울이 예루살렘에서 환난을 당하리라는 것을 미리 알게 하신 것이지, 사도 바울이 예루살렘에 가지 못하도록 막으라고 알게 하신 것이 아니었습니다.

중요한 것은 성령의 감동에 대한 해석입니다. 성령의 감동을 받아도 해석을 어떻게 하느냐가 중요합니다. 다들 바울이 예루살렘에 가면 붙잡히게 되니 가지 말라고 해석하였지만 사도 바울의 해석은 달랐습니다.

우리가 그 말을 듣고 그 곳 사람들과 더불어 바울에게 예루살렘으로 올라가지 말라 권하니 바울이 대답하되 여러분이 어찌하여 울어 내 마음을 상하게 하느냐 나는 주 예수의 이름을 위하여 결박당할 뿐 아니라 예루살렘에서 죽을 것도 각오하였노라 하니 행 21:12,13

사도 바울은 예루살렘에 가면 자신이 결박당할 것을 알고 있었습니다. 그는 이번에 가면 붙잡힐 것을 알고 미리 준비하라는 뜻으로 이 성령의 감동을 해석한 것입니다. 이미 죽을 것도 각오했기 때문에 가겠다는 것입니다. 그제야 다른 제자들이 사도 바울을 더는 붙잡지 않습니다(행 21:14).

때때로 우리가 하나님으로부터 어떤 일에 대한 감동을 받을 때가 있습니다. 그때 조심해야 할 것은 하나님이 알게 하신 것에 대한 해석입니다. 어떤 성령의 감동은 '기도하라'고 주시는 감동일 때가 있습니다. 섣불리 말하지 말고 이 문제를 놓고 잠잠히 기도하라는 뜻입니다. 그런데 그것을 잘못 해석해서 기도는 하지 않고 말부터 하는 사람이 있습니다. 사도 바울이 겪은 어려움과 동일한 어려움입니다.

여기서 꼭 기억해야 할 것이 있습니다. 우리가 하나님의 뜻을 알려고 할 때 성공이나 평안을 기준으로 분별하지 말아야 한다는 것입니다. 하나님의 뜻이어도 어려움이 찾아올 수 있습니다. 하나님의 뜻인데도 실패할 수 있고, 고난을 겪을 수 있음을 인정해야 합니다. 그 점에 대한 분명한 마음의 결단이 있어야 합니다. "어려워도 좋고, 실패해도 좋습니다. 하나님의 뜻이라면 저는 무조건 순종입니다." 이 마음이 있을 때 하나님의 뜻을 명확히 알게 됩니다.

하나님의 인도하심을 구하라

실패하더라도 순종할 결단

제가 예수동행운동을 시작하고 2년째 되던 해, 기도 중에 "너는 실패할 것이다"라는 주님의 음성을 듣고 큰 충격을 받았습니다. '결국 안 되는 일인가?' 이런 생각을 할 때 주님이 저에게 다시 물으셨습니다. "실패하더라도 계속 이 일을 하겠느냐?" 저는 정말 혼란스러웠습니다. '실패할 거면 왜 해야 하나요?' 이렇게 묻고 싶었습니다. 모든 것을 다 포기하고 "24시간 주님을 바라봅시다", "예수동행일기를 써보세요"라고 외치는 일이 그렇지 않아도 힘든데, 하나님은 왜 힘을 빼시는지 답답했습니다.

그때 중요한 것이 깨달아졌습니다. 저에게는 정말 놀라운 일이었습니다. "실패할 거라면 하지 않는다"가 기준이면 순교자가 나올 수 있겠는가 하는 것입니다. 순교자는 사실 실패한 것이나 마찬가지입니다. 2천 년 교회 역사를 볼 때 예수님의 재림을 외친 수많은 설교자가 있었습니다. 그들은 다 실패했습니다. 주님은 아직 이 땅에 다시 오시지 않았기 때문입니다. 이처럼 나의 때에는 실패할 수 있습니다. 그러나 주님의 뜻은 결코 실패하지 않았습니다. 아직 때가 이르지 않은 것뿐입니다. 이것을 깨닫고 나니 주님의 말씀이 이해가 되었습니다.

"예수님과 동행하십시오", "매일 일기를 쓰면서 주님과 동행하는 삶을 살아보십시오." 제가 아무리 외쳐도 사람들의 반응이 없을 수 있습니다. 제가 그 일을 진행하는 동안 의미 있는 열매를 맺지 못할 수도 있습니다. 그런데 그렇다고 해서 안 할 겁니까? 이 일은 주님이 기뻐하시는 일입니다. 예수님이 우리와 동행하신다는 것은 너무나 분명한 성경의 약속입니다. 이 약속에 눈이 뜨여야 제대로 된 신앙생활을 할 수 있습니다. 그러면 외쳐야 합니다. 사람들이 받아들이든 받아들이지 않든, 따라오는 사람이 많든 적든 성경의 약속이니까, 주님이 기뻐하시는 뜻이니까 외쳐야 합니다. 답이 명확해졌습니다.

그때 하나님 앞에 제가 눈물로 고백했습니다. "주님, 실패하더라도 저는 이 길을 가겠습니다. 혹시 사람들의 반응이 없어도 저는 계속 이 일을 하겠습니다." 주님께서 이 일을 100년에 걸쳐 이루시고, 200년이 걸려 이루신다면 저에게는 실패일 것입니다. 그러나 반드시 그 일을 이루실 주님께는 실패가 아닙니다. 그렇게 저는 다시 예수동행운동을 이어갈 수 있었습니다.

그런데 지난 10여 년을 돌아보니 깜짝 놀랄 만한 열매를 맺고 있습니다. 어떻게 이런 열매가 맺어지는 것일까 생각했더니 실패하더라도 가겠다고 결단하여 포기하지 않고 계속할 수 있었기 때문임을 알게 되었습니다. "성공하면 계속하고 실패하면 안 한다"라는 기준을 가지고 있었다면 아마 벌써 그만 두었을 것입니다.

하지만 실패하더라도 이 길을 가겠다고 하나님께 약속했기 때문에 사람들의 반응이 있든 없든 저는 전하고 또 전했습니다. 그랬더니 안 될 것 같은 사람들도 참여하고 반응하기 시작했습니다. 하나님이 새로운 길을 열어주셨습니다. 그렇습니다. 하나님의 뜻을 정확히 알려면 실패할지라도 순종하겠다는 결단이 있어야 합니다. 코로나19로 달라진 상황을 맞이하고 보니 만일 그때 미리 준비하지 않았다면 지금 시작하기는 어려웠을 거라는 생각이 들었습니다.

하나님의 일은 사람의 일과 뚜렷이 다르다

예수님이 제자들에게 십자가 수난과 부활에 대해 처음 말씀하셨을 때 이 말을 들은 베드로는 정색하며 절대로 그런 일이 일어나면 안 된다고 말했습니다. 예수님의 수제자가 예수님이 하신 말씀에 공개적으로 반대하고 나선 것입니다.

> 베드로가 예수를 붙들고 항변하여 이르되 주여 그리 마옵소서 이 일이 결코 주께 미치지 아니하리이다 마 16:22

이때 베드로는 자신의 판단에 대하여 아무런 갈등이 없었을 것입니다. 자신이 잘하고 있다고 생각하였을 것입니다. 그 이유가 무엇입니까? 그는 하나님의 뜻에는 언제나 성공과 승리가 있고, 평안한 길일 거라 생각하고 있었습니다. 그러니까 정작 하나님의 뜻이 드러났을 때 베드로가 오히려 예수님의 길을 가로막는 자가 된 것입니다.

예수님도 얼마나 답답하셨으면 베드로에게 이렇게 책망하셨을까요?

> 사탄아 내 뒤로 물러가라 너는 나를 넘어지게 하는 자로다 네가 하나님의 일을 생각하지 아니하고 도리어 사람의 일을 생각하는도다 하시고
> 마 16:23

하나님의 일과 사람의 일은 뚜렷하게 다릅니다. 우리 생각에 하나님의 일이라면 무조건 다 잘되고 성공적이고 모든 사람들이 좋아할 거라고 믿지만, 그렇지 않다는 것입니다. 핍박이 있고 방해도 있고 환난도 겪고 고난도 당할 각오를 해야 합니다.

성령의 이끄심을 받을 수 있는 사람들

오직 성령이 각 성에서 내게 증언하여 결박과 환난이 나를 기다린다 하시나 내가 달려갈 길과 주 예수께 받은 사명 곧 하나님의 은혜의 복음을 증언하는 일을 마치려 함에는 나의 생명조차 조금도 귀한 것으로 여기지 아니하노라 행 20:23,24

사도 바울은 자신이 결박을 당하고 환난을 당할지라도 그것이 무슨 상관이냐고 말합니다. 자신은 이미 죽을 각오를 했기 때문입니다. 하나님은 그가 어떻게 죽을 것인가에 대해서도 다 가르쳐주셨습니다. 그러고 나니까 예루살렘으로 가는 것에 대해 조금도 주저할 이유가 없었던 것입니다. '고난이 있으면 당하리라', '죽으면 죽으리라' 이 각오를 하고 나니까 하나님의 뜻이 선명하게 보인 것입니다.

물론 무조건 환난을 당하는 것이 하나님의 뜻이라는 말은 아닙니다. 바울도 베뢰아와 에베소에서 붙잡히지 않으려고 도망한 일이 있었습니다. 그때는 그것이 성령의 인도하심이었습니다. 그러나 예루살렘에서는 결박당하는 것을 피하지 말라는 것입니다. 예루살렘으로 가는 것은 하나님이 허락하신 길이었습니다.

그러면 하나님께서 왜 이렇게 하셨을까요? 로마 복음화의 기막힌 전략을 세우셨기 때문입니다. 사도 바울은 예루살렘에서 로마 군인들에게 붙잡혀 그들의 보호를 받으며 로마로 향했습니다. 비록 죄수의 신분이기는 하지만 로마 황제를 만나고 로마 권력의 핵심부에 들어가도록 하기 위해서 친위대 감옥에 들어가게 하신 것입니다. 그렇지 않았다면 그 사람들과 만나는 것 자체가 어려웠을 것입니다.

하나님의 섭리가 정말 놀랍습니다. 어느 때는 붙잡히지 않아야 복음을 전하는 데 유익하고, 또 어느 때는 붙잡히는 것이 복음 전파에 유익할 수 있습니다. 이것은 분별의 문제입니다. 하나님께서 지금 그 자리를 피하라고 하시는지, 붙잡히더라도 끝까지 그 길을 가라고 하시는지 분별하는 것이 우리의 과제입니다.

어떻게 하면 사도 바울처럼 그때그때 하나님의 뜻을 분별할 수 있습니까? 먼저 그 길이 실패나 고난의 길이라도 오직 하나님의 뜻대로 순종할 결단이 있어야 합니다. 그리고 평소 주님의 뜻대로 사는 삶을 훈련해야 합니다. 무엇이 하나님의 뜻인지 성령께서 분명히 인도하실 것을 믿어야 합니다.

너희는 거룩하신 자에게서 기름 부음을 받고 모든 것을 아느니라

요일 2:20

우리는 다 성령의 이끄심을 받을 수 있는 사람들입니다. 목사나 선교사만 주님의 뜻을 분별하는 것이 아닙니다. 모든 성도가 다 주님의 뜻을 분별할 수 있습니다. 예수 믿는 성도인 우리는 성령의 기름부음을 받은 사람들로 성령께서 우리 마음속에 모든 것을 알게 해주십니다.

> 너희는 주께 받은 바 기름 부음이 너희 안에 거하나니 아무도 너희를 가르칠 필요가 없고 오직 그의 기름 부음이 모든 것을 너희에게 가르치며 또 참되고 거짓이 없으니 너희를 가르치신 그대로 주 안에 거하라
>
> 요일 2:27

이 말은 누군가에게 가르침을 받지 말라는 뜻이 아닙니다. 모든 분별은 우리 안에 있는 성령께서 확인해주십니다. 물론 목사님의 도움도 필요하고, 신앙 선배의 분별도 필요하고, 성경의 가르침을 받아야 할 때도 있습니다. 제자훈련과 양육도 받아야 합니다. 그러나 다른 사람의 말을 듣고 하나님의 뜻을 최종 판단하는 것이 아니라는 점을 꼭 기억해야 합니다. 하나님의 뜻이 무엇인지 스스로 알 수 있도록 성령께서 이미

우리 안에 계십니다. 이제부터 작은 지시에도 순종한다는 마음을 가지면 주님의 인도하심을 알게 됩니다.

주님이 말씀하시면 즉각 순종

한 권사님이 교회 게시판에 글을 올리셨습니다. 교회 특별부흥회 주간에 박보영 목사님과 유정옥 사모님이 말씀을 전해 주셨는데, 그 분들의 말씀을 듣다보니 저분들처럼 하나님의 뜻을 잘 알고 하나님의 역사를 이루는 삶을 살 수 있으면 좋겠다는 생각이 들었다는 것입니다. '왜 나는 그렇게 안 될까?' 저분들은 특별한 목사님이나 사모님이라서 그런가보다 했는데, 기도 중에 성령께서 그동안 자신에게도 '종의 마음과 사랑의 마음', '섬김과 헌신의 마음'을 계속해서 주셨다는 것을 깨닫게 하셨다는 것입니다.

그러면 '나는 왜 그분들과 다를까?' 생각해보니 그분들은 주님이 주시는 마음에 즉각 순종했고, 자신은 그렇지 못했다는 차이가 있음을 알았다고 했습니다. 누구를 돕더라도 주님이 재정을 주시면 그중에 얼마를 헌금하고 이웃을 돕겠다는 생각만 했다는 것입니다. 지금 할 수 있는 것은 하지 않고, 하나님께 자꾸 더 달라고 보채는 어린아이 같은 믿음을 가지고

하나님의 인도하심을 구하라

살았기 때문에 자신의 삶에는 그런 간증이 없었다는 것을 깨달은 것입니다.

그래서 '내가 지금 할 수 있는 것은 무엇인가?' 생각해보니 많은 생각이 떠올랐습니다. 눈물로 기도할 수 있고, 가까운 성도에게 따뜻한 말 한마디를 전할 수 있고, 아내에게 사랑한다고 말할 수 있고, 공부하는 딸에게 애쓴다고 말할 수 있고, 어려운 이웃을 위해 따뜻한 차 한 잔, 떡 한 조각을 나눌 수 있습니다. 내가 먼저 손을 내밀어 "미안합니다", "제가 잘못했습니다", "저를 용서해주세요"라고 말할 수 있었습니다. 지금까지는 주님께서 그 마음을 주셔도 순종하지 않았고, 그러면 주님께서 주신 마음은 금세 사라져버렸습니다. 그래서 이제는 주님께서 말씀하시면 "바로 하자! 지금 하자!" 결단하셨다고 합니다.

저는 이 권사님의 고백에 감동이 되었습니다. 그렇습니다. 우리가 하나님의 뜻을 알고 그 뜻에 순종하는 일은 지금 당장 할 수 있고, 또 해야 하는 일입니다. 그러면 놀라운 하나님의 역사를 경험할 수 있습니다. 우리는 하루 중 많은 순간에 주님의 인도를 받고 있습니다. 주님은 계속해서 가족과 주위 사람들에게 마음의 감동을 주시고 말씀하고 계십니다. 그때 즉각 순종해보면 깜짝 놀랄 일이 일어납니다.

그 일이 내게 쉬운지 어려운지, 혹은 손해인지 이익인지 계산하지 않고, 주님의 뜻일 거라는 마음이 조금이라도 든다면 무조건 순종해보는 것입니다. '주님이 내게 말씀하셨구나' 싶으면 즉각 실행해보십시오. 이런 삶을 사는 사람이 사도 바울처럼 정말 중요한 순간에 하나님의 인도하심을 받을 수 있습니다.

우리가 하나님의 뜻을 분별하고 경험하려면 좋다 싫다는 판단을 십자가에 못 박아야 합니다. 사도 바울은 예루살렘에 가면 환난이 기다린다는 것을 알면서도 좋은 길, 편한 길을 찾아다니는 마음을 버렸기 때문에 그것이 자신이 가야 할 길임을 알고 순종했습니다. 이방인을 위하여 복음 전하는 사도의 길을 가기로 작정하였습니다. 그러니 주위 사람들이 마음을 혼란케 하여도 본인에게는 그 길이 환히 보이는 것입니다.

저에게 맡겨주세요

서울역에서 노숙인을 섬기는 '소중한 사람들'의 대표 유정옥 사모님의 간증입니다. 1989년 어느 봄, 남편 목사님이 서울 종로에서 목회할 때 일입니다. 어느 날 병약해 보이는 남자 한 분이 초등학생 남매를 데리고 교회에 나오셨습니다. 몇 주 후에 그 분이 교회에 등록하고 교인이 되었는데, 집이 성남이었습니다. 성남에서 종로까지 매주 주일예배를 드리러 왔습니다. 시간이 흘러 어느 무더운 여름, 한 통의 전화가 걸려왔습니다. 그 집사님의 첫째 아이가 아주 다급한 목소리로 말했습니다.

"사모님, 아빠가 쓰러지셨는데 숨을 안 쉬어요. 어떻게 해요?"

급히 남편 목사님과 함께 집으로 찾아갔지만, 그 집사님은 이미 세상을 떠난 뒤였습니다. 장례를 치러야 하는데 일가친척에게 연락해도 연락이 닿지 않고 찾아오는 사람 하나 없었습니다. 교회에서 장례를 치러드렸는데 남겨진 두 아이가 문제였습니다. 아버지는 돌아가셨고 어머니는 어디에 있는지 모릅니다.

사모님이 아이들을 위해 기도하다가 문득 '왜 이 집사님이 중병이 든 몸으로 성남에서 종로에 있는 교회까지 두 아이를 데리고 나와 예배를 드렸을까? 어쩌면 저 아이들을 맡아 잘 길러줄 새로운 부모를 찾고 찾다가 우리 교회에까지 온 것은 아닐까? 우리 부부가 그 후보로 뽑힌 것이 아닐까?' 거기까지 생각이 미치자 유정옥 사모님은 기뻐서 가슴이 뛰기 시작했다고 합니다.

저는 이 부분에서 잘 이해가 안 되었습니다. 정말 부담스러웠다고 해야 하는데 너무 기뻤다니 왜일까요? 사모님은 '우리 부부를 그렇게 좋은 사람으로 보셨구나. 우리를 그렇게 믿으셨구나. 아이들을 맡길 만한 사람이라고 인정해주셨구나.' 그것이 너무 감사했다고 합니다. '그러면 우리가 거둬야지' 하는 마음으로 남편 목사님에게 그 이야기를 나누자 남편도 등을 두드려주며 어찌 그리 귀한 생각을 했느냐고 자랑스러워했다는 것입니다. 그 뒤 두 분이 그 아이들을 양자로 삼게 됩니다.

성령 하나님께서는 우리를 분명히 인도하시고 말씀하십니다. 우리에게 이 마음이 있다면 우리는 하나님의 뜻을 알게 됩니다. "하나님의 뜻이면 무조건 순종하겠습니다", "어떤 고난이 와도 하나님의 뜻대로 하겠습니다", 한 걸음 더 나아가 "하나님, 힘들고 어려운 일이 있으면 저에게 맡겨주세요" 바로 이 마음으로 기도한다면 주님이 얼마나 기뻐하실까요?

주의 일에 거룩한 욕심을 가지시기 바랍니다. 집안에 힘들고 어려운 일이 생기면 앞장서서 그 일을 감당하지 않겠습니까? 다름 아닌 하나님 집의 일입니다. 하나님 집에 큰일이 생겼다면 팔을 걷어붙이고 앞장서야 합니다. 내 집 일인데 누구를 기다리겠습니까? 누구에게 맡기겠습니까? 바로 내가 해야 합니다. 주님이 그 일을 기쁘게 여기실 것입니다.

코로나19로 힘들고 어려울 때 여러분의 마음의 기준을 분명히 정하십시오. 좋고 나쁜 것, 마음에 드는 것을 기준으로 삼으면 안 됩니다. 성공이나 실패도 상관없습니다. "주님이 기뻐하시는 일이라면 무조건 좋습니다. 무조건 순종하겠습니다. 주님, 더 어려운 일을 제게 주소서!" 꼭 이 마음을 가지고 지금 이때 하나님의 길을 제대로 찾아가시기 바랍니다. 하나님의 뜻을 알고 나면 길이 보입니다. 모든 성도들이 하나님의 정확한 인도하심을 따라 살기를 축원합니다.

prayer points ||||||||||||||||||||||||||||||||||||||||||||||||||||||||||||||||||||||||||||||||||||||||||||||||||||

1 혼란스럽고 힘들어도 오직 하나님의 인도하심을 따라 살게 하소서.

2 성공하는 길, 편안한 길, 풍족한 길을 다 내려놓게 하소서. 하나님이 기뻐하시고 원하시는 길을 따라 걸어가게 하소서.

3 하나님과 하나님의 나라를 위하여 고난당하는 것이 우리에게 주어진 하나님의 축복임을 믿으며 감사하게 하소서.

말씀 앞에서 듣는 주님의 음성

38 그들이 길 갈 때에 예수께서 한 마을에 들어가시매 마르다라 이름 하는 한 여자가 자기 집으로 영접하더라 39 그에게 마리아라 하는 동생이 있어 주의 발치에 앉아 그의 말씀을 듣더니 40 마르다는 준비하는 일이 많아 마음이 분주한지라 예수께 나아가 이르되 주여 내 동생이 나 혼자 일하게 두는 것을 생각하지 아니하시나이까 그를 명하사나를 도와 주라 하소서 41 주께서 대답하여 이르시되 마르다야 마르다야 네가 많은 일로 염려하고 근심하나 42 몇 가지만 하든지 혹은 한 가지만이라도 족하니라 마리아는 이 좋은 편을 택하였으니 빼앗기지 아니하리라 하시니라

누가복음 10:38-42

하나님의 인도하심을 구하라

지금 우리가 해야 할 일

코로나19로 교회에서 아이들과 주일예배를 거의 드리지 못하게 된 유년부 전도사님이 설교 중에 "예배 시간에 떠들고 장난치던 아이들이 너무 보고 싶다"고 하셨습니다. 아이들이 천하보다 귀한 영혼이라는 말을 많이 했지만, 실제로 아이들을 대할 때 아이들의 영혼을 보는 눈이 뜨이지 않았는데, 아이들과 함께 예배드리지 못하니까 한 영혼, 한 영혼이 정말 귀하게 느껴진다는 것입니다. 그러면서 다시 아이들과 함께 예배할 날을 기다리면서 교회에서 아이들과 얼굴을 맞대고 예배할 때 반드시 진정한 복음을 전해야겠다는 마음의 준비를 하고 있다는 것입니다. 이 전도사님의 고백이 너무 귀하고 감사했습니다.

여러분, 지금 "힘들다", "어렵다"라고만 할 때가 아닙니다. 지금은 어려운 때이면서 동시에 정말 중요한 때입니다. 지금이야말로 정신을 차리고 하나님의 인도를 받아야 할 때입니다. 하나님의 뜻이 어디에 있는지 귀 기울여야 합니다. 하나님의 인도를 받는 것이 어렵다, 하나님의 뜻을 도무지 모르겠다고 하는 분들이 있는데 그렇지 않습니다. 하나님의 인도를 받는 일은 굉장히 쉽습니다. 왜냐하면 하나님의 뜻이 무엇인지 성경에 너무나 명확하게 요약 정리되어 있기 때문입니다.

> 예수께서 이르시되 네 마음을 다하고 목숨을 다하고 뜻을 다하여 주 너의 하나님을 사랑하라 하셨으니 이것이 크고 첫째 되는 계명이요 둘째도 그와 같으니 네 이웃을 네 자신같이 사랑하라 하셨으니 이 두 계명이 온 율법과 선지자의 강령이니라 마 22:37-40

목숨을 다하여 하나님을 사랑하고 네 이웃을 네 자신같이 사랑하라고 하신 이 두 계명에 하나님의 뜻이 있습니다. 하나님은 절대로 어렵게 하나님의 뜻을 말씀하지 않으십니다.

주님의 말씀에 귀 기울이라

여선교회 회장 한 분이 한 선교회원의 말 때문에 낙심하였습니다. "저는 마르다같이 신앙생활하지 않을 거예요. 저는 마리아처럼 말씀 중심으로 살 거예요. 그러니 제게 교회 봉사하라고 하지 마세요." 여선교회 회장의 역할은 "선교에 헌신합시다", "전도에 힘씁시다", "섬기고 봉사합시다" 하며 회원들을 독려하는 것인데 '그러면 나는 마르다인가? 그러면 교회 일은 누가 한다는 말인가?' 싶은 생각에 힘이 빠지고 너무나 혼란스럽다는 것입니다.

이런 갈등이 생기는 것은 성경 말씀을 정확히 알지 못했기 때문입니다. 예수님이 마르다에게 하신 말씀은 봉사하지 말라는 뜻이 아닙니다. 음식을 만드는 것이 아무 의미가 없다는 뜻도 아닙니다. 핵심은 기쁨 없이 염려하면서 일하는 것을 조심하라는 것입니다. 마르다는 음식을 준비하느라 매우 분주했습니다. 그런데 마리아가 자신을 돕지 않고 주님의 발치에 앉아 말씀을 듣는 것을 보고 짜증이 났습니다.

예수님께서 지적하신 것은 바로 이 점이었습니다. 주님은 열심히 봉사하는 것이 나쁘다고 말씀하신 것이 아니었습니다. 봉사하더라도 그 마음에 기쁨과 감사를 잃어버리고 불평과 원망을 늘어놓고 짜증을 낸다면 굳이 많은 일을 하지 않아도 좋다는 것입니다.

주께서 대답하여 이르시되 마르다야 마르다야 네가 많은 일로 염려하고

근심하나 몇 가지만 하든지 혹은 한 가지만이라도 족하니라 마리아는
이 좋은 편을 택하였으니 빼앗기지 아니하리라 하시니라 눅 10:41,42

예수님은 마리아가 예수님의 말씀에 귀 기울이는 것을 기뻐
하셨습니다. 그리고 그 상을 빼앗기지 않을 거라고 하셨습니
다. 얼마나 많은 일을 했느냐가 중요한 것이 아닙니다. 주님
의 말씀에 귀 기울이고, 주님의 마음을 품는 것, 주님의 말씀
에 따라 일하는 것이 중요합니다. 그런데 우리는 현실에서 일
에만 매달리다보니 주님의 말씀을 소홀히 여길 때가 많은 것
입니다.

내게로 나아와 들으라

제가 목회했던 교회에서 젊은 남자 집사들과 대화 모임을 가
졌던 때가 있었습니다. 이런저런 이야기를 나누다가 "일주일
에 성경을 얼마나 읽으십니까?"라고 제가 질문했습니다. 그런
데 놀랍게도 그날 모인 집사들 중 예배 시간에 읽는 성경 외에
평소 성경을 읽는다는 집사가 한 사람도 없었습니다.

물론 사는 것이 매우 바쁩니다. 직장 일도 가정 일도 바쁘
고 할 일도 많습니다. 그러다보면 성경 읽기는 뒷전으로 밀려

　　　　　　　　　하나님의 인도하심을 구하라

납니다. 이것이 우리가 하나님의 인도하심을 받지 못하는 결정적인 원인입니다. 마리아처럼 '주님의 말씀이 무엇일까?' 하고 귀 기울이는 자세가 없는 것입니다.

아담과 하와의 죄는 전 인류의 타락을 가져왔습니다. 그러면 이 죄가 어떻게 생겼습니까? 어처구니없게도 하나님의 말씀을 건성으로 들었기 때문입니다. 마귀가 하와에게 선악과를 따 먹으라고 유혹했습니다.

> 하나님이 참으로 너희에게 동산 모든 나무의 열매를 먹지 말라 하시더냐
> 창 3:1

간사한 뱀은 하와에게 함정을 둔 질문을 했습니다. 하와가 이렇게 대답합니다.

> 동산 나무의 열매를 우리가 먹을 수 있으나 동산 중앙에 있는 나무의 열매는 하나님의 말씀에 너희는 먹지도 말고 만지지도 말라 너희가 죽을까 하노라 하셨느니라 창 3:2,3

여기서 하와가 인용한 하나님의 말씀은 본래 하나님의 명령과 다릅니다. 하와가 자기의 말을 덧붙인 것입니다. 하나님은

동산 중앙에 있는 나무의 열매를 먹으면 "죽을까 하노라"가 아니라 "반드시 죽으리라"라고 하셨습니다. 많은 그리스도인들이 이처럼 하나님의 말씀을 모르는 것도 아니면서, 그렇다고 정확히 아는 것도 아닌 상태에 머물러 있습니다. 이 상태가 미혹을 받기에 딱 좋습니다. 우리가 얼마나 많은 하나님의 말씀을 건성으로 듣고 알고 있는지 모릅니다.

우리가 원하든 원하지 않든, 우리는 수없이 많은 말들을 들으며 살아갑니다. 뉴스도 듣고, 지나가는 사람의 말도 듣고, TV나 유튜브를 통해서도 듣습니다. 그런 말들이 우리의 마음과 생각에 영향을 끼치고 우리의 인생을 만들어갑니다. 여기에 마귀의 전략이 있습니다. 우리의 귀에 수없이 많은 불신의 메시지, 세상의 말, 절망의 말, 쓰레기 같은 말들을 들려주는 것입니다. 그래서 우리 마음이 자꾸 강퍅해지고 낙심되고 지쳐가는 것입니다. 여기에 우리가 하나님의 말씀을 정신 차려 듣고 온전한 믿음을 가져야 하는 이유가 있습니다. 그렇지 않으면 우리는 믿음을 지킬 수 없고 인생을 제대로 살아갈 수 없습니다. 그러므로 우리가 하나님의 말씀을 귀 기울여 듣는 것은 우리의 생명과 직결되는 일입니다.

너희는 귀를 기울이고 내게로 나아와 들으라 그리하면 너희의 영혼이

살리라 사 55:3

지금 우리 형편이 주님의 말씀을 들어야 살 수 있습니다.

살리는 것은 영이니 육은 무익하니라 내가 너희에게 이른 말은 영이요
생명이라 요 6:63

주님이 우리에게 주시는 말씀을 들을 때 우리의 영이 살고
우리의 인생에 변화와 기적이 일어납니다.

성경을 읽을 수 있는 은혜

독립운동가 월남(月南) 이상재 선생은 원래 기독교인이 아니라
철저한 유교 신자였습니다. 항일운동을 하다가 투옥된 이상
재 선생이 독방에 갇혀 외롭게 지내다가 어느 날 감옥 안 마루
틈에서 쪽지를 발견했는데, 거기에 신약성경의 산상수훈이 적
혀 있었습니다. 그때 처음 성경을 접하게 되었는데 그 내용이
너무나 황당했습니다.

"누가 네 오른뺨을 치거든 왼뺨도 돌려대라."

"오 리를 가자고 하거든 십 리를 같이 가줘라."

"겉옷을 달라고 하면 속옷도 줘라."

선생은 허무맹랑한 이야기라고 비웃으며 그 쪽지를 다시 마루 틈 사이에 끼워 넣었습니다. 읽을 가치도 없다고 생각하면서도 심심하니까 꺼내서 읽어보고 다시 끼워넣기를 수백 번, 산상수훈을 얼마나 많이 읽었는지 모른다고 합니다. 이것이 무엇입니까? 주야로 산상수훈을 깊이 묵상한 것입니다. 그는 감옥에서 나올 때 예수님을 영접하게 됩니다. 결국 이상재 선생은 신실한 크리스천이 되었고, 독립운동에 앞장선 민족 지도자가 되었습니다.

여러분, 성경 말씀은 아무것도 아닌 것이 아닙니다. 성경에는 우리의 영을 살리고 인생을 바꾸는 능력이 있습니다. 말씀에는 실제로 하나님의 능력이 있습니다. 주님을 만나는 신비한 체험이 모든 그리스도인에게 허락되는 것은 아닙니다. 모든 그리스도인이 사도 바울처럼 강력한 빛으로 예수님을 만나는 체험을 하지는 않습니다. 그렇지만 하나님의 말씀인 성경을 읽을 수 있는 은혜는 모든 그리스도인에게 허락된 것입니다. 빛으로 나타나신 예수님을 바라보는 체험보다 더 놀라운 은혜가 성경 안에 있습니다.

우리 자녀들은 특별한 보약을 먹고 자라는 것이 아니라 매일 엄마가 해주는 밥을 먹고 자라납니다. 믿음의 성장도 크고 놀라운 체험을 통해서가 아니라 매일매일 말씀을 묵상하며 이루어집니다. 우리의 영이 자라고 하나님 앞에 귀히 쓰임 받는 역사도 성경을 꾸준히 읽는 삶 속에서 일어나는 것입니다. 그 점을 명확하게 알아야 합니다.

서울신대 홍성철 교수님이 뉴질랜드에서 유학할 때 태국에서 온 교수 부부를 만났습니다. 멀리 해외에서 유학하는 외국인들끼리 인사도 하고 교제도 나누다보니 그들이 독실한 불교 신자라는 것을 알게 되었습니다. 어느 날 태국에서 온 교수가 홍 교수에게 불교 교리가 담긴 책을 한 권 선물해주었습니다. 그래서 홍 교수 역시 창세기의 비밀이 담겨 있는 책을 답례로 주었습니다. 그 후 한참이 지난 뒤 책을 읽었는지 물어보니 읽지 않았다고 하기에 왜 안 읽는지 묻자 "제가 책을 좀 봤는데, 그 책을 더 읽다가는 하나님을 믿게 될 것 같아서 안 읽으려고요"라고 했습니다. 그래서 꼭 한번 읽어보시라고 간곡히 권면하자 그분이 그 책을 읽고 결국 개종하게 되었습니다. 크리스천이 되어 태국으로 돌아간 부부는 방콕에 교회를 세웠다고 합니다.

도대체 성경이 무엇이기에 성경을 읽으면 이런 변화가 일어날까요? 성경에는 하나님의 살아 있는 성령의 역사가 있습니다. 1984년 4월, 저는 군목 훈련을 받다가 다리를 다쳐서 고

향 집에 돌아왔습니다. 다리 수술로 군목 임관도 못 하고 섬길 수 있는 교회조차 없었습니다. 목발을 짚고 다니는 신세이니 어느 교회에서 받아주겠습니까? 찾아간 교회마다 거절을 당했습니다.

그때 저는 주님의 인도하심을 기다리며 누구에게도 제 임지를 부탁하지 않고 오직 기도만 하기로 결심했습니다. '하나님이 정말 살아 계신다면 반드시 나에게 섬길 교회를 인도해주실 것이다.' 그렇게 생각하고 하나님께 매달려 기도만 하기로 작정하였습니다. 기도만 하면서 무작정 하나님의 인도를 기다린다는 것이 얼마나 두렵고 막막한지 그때 처절히 경험했습니다. '도대체 언제까지 기도해야 하나? 똑같은 기도를 몇 번이나 반복해야 하나?' 하루 종일 기도만 해야 하는 상황이 너무 끔찍했습니다.

그런데 그때 주님께서 저를 인도하신 것은 제가 가서 섬길 교회가 아니라 성경을 읽으며 기도하는 훈련이었습니다. 기도가 막히면 성경을 읽었습니다. 매 장마다 주님이 주시는 깨우침과 은혜를 기록하며 마음에 감동이 되면 기도하였습니다. 그렇게 3개월 동안 저는 기도에 대한 성경공부를 철저히 할 수 있었고, 그때 기록한 노트를 기반으로 《예수님의 사람》 제자훈련 교재가 정리되었습니다. 3개월 동안 앞이 캄캄하고

하나님의 인도하심을 구하라

모든 길이 다 막힌 상황에서 오직 하나님이 응답하실 때까지 기다리겠다고 했던 기도와 그때 읽은 성경이 지금 제 사역의 기초가 된 것입니다. 성경을 읽는 것이 얼마나 놀라운 결과를 가져오는지 제 목회 평생에 너무나 생생한 경험으로 남아 있습니다.

성경을 보라는 주님의 명령

저는 11년째 예수동행운동을 하고 있습니다. 그런데 제 마음속에 갈등이 많았습니다. "이렇게 예수님만 바라보라고 하면 정말 될까? 24시간 예수님을 바라보는 것이 실현 가능한 일인가? 실제로 교인들과 다른 목회자들이 이 사역에 얼마나 동참해줄까? 나부터 잘할 수 있을까?" 수많은 갈등이 일어났습니다. '아니, 안 될 것 같아. 못할 것 같아. 엉뚱한 일을 하는 것 같아. 반응이 없잖아. 따라오는 사람도 없어.' 그런 시달림을 많이 겪었습니다. 그래서 중간에 그만둘 뻔하기도 했습니다.

그런데 한순간에 이런 혼란과 의심이 사라지는 은혜가 임했습니다. 주님이 명확한 기준으로 저를 인도해주셨기 때문입니다. 그것은 다름 아닌 "성경을 보라!"는 명령이었습니다. 지금 가는 길이 옳은지 그른지 판단하는 것은 느낌이나 사람들의 반응이나 환경에 근거해서는 안 됩니다. 모르는 길을 갈 때, 느낌에 의지하면 큰 고생을 하게 마련입니다. 지도를 따라가야 합니다. 마찬가지로 우리가 잘 가고 있는지는 성경으로 판단해야 합니다. 성경을 통해 이 일이 하나님이 기뻐하시는 일인지 아닌지, 그것만 확인하라고 하셨습니다.

예수님은 "나는 포도나무요 너희는 가지라"고 하시며 우리가 주님을 떠나면 아무것도 할 수 없다고 말씀하셨습니다. 성경에 너무나 분명히 우리가 주님 안에, 주님이 우리 안에 거하심으로 주님과 동행하는 삶을 증거하고 있습니다. 그렇다면 지금 잘 가고 있는 것입니다.

24시간 예수님을 바라보는 것이 너무 지나치다는 말을 많이 들었습니다. 그러나 지나친지 안 지나친지 성경을 기준으로 판단해야 합니다. 성경이 말씀하지 않는 것을 하려고 하면 위험합니다. 성경이 말씀하는 것에서 벗어나면 지나친 것입니다. 성경이 말씀하는 곳까지 가야 하고, 성경이 말씀하지 않으면 거기서 멈추어야 합니다. 성경의 약속이 자신에게 이루어지는 것을 믿고 나아가는 일은 결코 지나친 것이 아닙니다. 성경의 약속에 비추어보면 저는 아직도 너무 부족합니다.

여러분, 답은 성경에 있습니다. 성경대로 살면 어떤 갈등이나 시험이 와도 반드시 극복해냅니다. 결국 하나님이 역사하시는 길로 가게 됩니다. 그런데 성경에 대한 분명한 기준이 없으면 계속 흔들립니다. 특별히 코로나19 사태를 겪으면서 하나님께서 모든 것을 점점 더 명확히 하시는 것을 봅니다. 여러분, 혼란스러울 때 성경을 읽어야 합니다. 내가 지금 잘하고 있나 못하고 있나 갈등이 될 때 성경을 봐야 합니다. 하나님은 반드시 성경 말씀으로 답을 주십니다. 우리는 얼마든지 하나님을 만날 수 있고, 그분의 음성을 들을 수 있고, 주님의 인도를 받을 수 있습니다. 성경이 있기 때문입니다. 성경을 통해 주님을 만나고 주님의 말씀을 듣는 것입니다. 그럴 때 악한 세상이지만 믿음을 지킬 수 있습니다.

성경을 대하는 우리의 자세

세계적인 기독교 변증가인 라비 재커라이어스(Ravi Zacharias)가 영국 베드포드에 있는 존 번연 박물관에 갔을 때 이야기입니다. 존 번연이 쓴 《천로역정》은 성경 다음으로 많이 읽힌 책으로 소개되는 책입니다. 그 박물관에는 전 세계에서 출간된 번역본이 전시되어 있었습니다.

　재커라이어스는 박물관을 둘러보고 나서 대단히 감탄했고 박물관을 떠나며 안내 직원에게 말했습니다. "대장장이에 불과한 분이 이렇듯 엄청난 책을 써서 세계적인 명성을 얻게 되다니 놀랍지 않나요?" 그러자 그 안내원이 당황해하며 "아, 맞는 말이네요. 그런데 솔직히 저는 이 책을 아직 읽어보지 않았어요"라고 말했습니다. 라비 재커라이어스가 그 말을 듣고 충격을 받았습니다. 존 번연 박물관의 안내원이 존 번연의 책을 읽어보지 않았다니, 궁금증을 주체할 수 없던 그가 다시 물어보았습니다. "아니, 왜 읽어보지 않았나요?"라고 물으니 "읽어보려고 했지만 너무 어려워서요"라는 무미건조한 대답에 그는 주체할 수 없는 탄식이 나왔다고 합니다.

제가 이 이야기를 하는 이유는 우리가 성경을 꼭 그렇게 대한다는 것입니다. 성경이 얼마나 대단한지는 다 압니다. 기독교인이라면 적어도 집에 성경 한두 권은 있을 것입니다. 무료로 배포되는 성경도 많습니다. 그런데 안 읽으니까 문제입니다. 성경, 하나님의 말씀, 엄청난 보물을 손에 쥐고도 보물인 줄 모르고 먼지가 쌓이도록 내버려두고 있지는 않습니까? 성경을 가지고 있다고만 해서 성경의 역사가 일어나는 것이 아닙니다. 많은 그리스도인이 말씀으로 함께하시는 주님을 손에 가지고 있기만 하고, 예수님의 말씀을 읽지 않으면서 여전히 하나님을 찾고 있습니다.

말씀이 기준이 되는 삶인가?

한국 그리스도인들의 약점 중 하나가 체험을 성경보다 더 크게 생각하는 경향이 강하다는 것입니다. 1992년 10월 28일에 있었던 휴거 사건이 대표적인데, 그 당시 휴거론자들에게는 강력한 체험이 있었습니다. 그러나 체험이 아무리 분명해도 그것이 성경과 다르다면 사탄에게 속은 것입니다. 물론 하나님은 우리에게 꿈으로, 특별한 환상으로도 역사하실 수 있습니다. 그런데 그 분별은 항상 성경으로 해야 합니다. 세상에 없는 신비한 체험을 하더라도 그것을 분별하는 기준은 성경이어야 합니다.

한국 교회 교인들의 또 다른 문제는 그들의 삶이 성경 말씀과 다르다는 것입니다. 어느 장로님의 아내 권사님이 한동안 교회에 안 나오셔서 목사님이 심방을 갔는데, 권사님이 집안일을 하며 그다지 반기지 않았다고 합니다. 목사님이 권사님에게 왜 요즘 교회에 안 나오시느냐고 물으니 권사님이 목사님에게 대뜸 "목사님, 저희 장로님! 죽으면 천국에 갑니까? 못 갑니까?"라고 묻더랍니다. 뜻밖의 질문에 당황스러웠지만 목사님은 "장로님이신데 당연히 천국에 가시지요. 걱정하지 말고 교회에 나오세요"라고 답했습니다.

그러자 권사님이 한숨을 내쉬며 "그렇지요? 틀림없이 천국에 가겠지요. 그래서 제가 교회에 안 갑니다. 교회 열심히 다니면 나도 죽어 천국 갈 텐데, 천국에 가서 그 양반을 다시 만날 생각을 하니 잠이 안 와요. 차라리 제가 지옥에 가겠습니다"라고 해서 목사님이 얼마나 충격을 받았는지 모릅니다.

남편이 장로니까 당연히 천국에 갈 거고, 그래서 남편과 사이가 좋지 않은 자신이 천국에 가지 않겠다니, 웃지 못할 이야기이기는 해도 한편으로 심각하게 생각해보아야 합니다. 20년 동안 교회 다닌 사람과 교회 다닌 지 1년 된 사람 중에 누가 더 교회에서 교만할까요? 헌금을 많이 한 사람과 적게 한 사람 중에 누가 더 교회에서 교만할까요? 신앙의 연륜이 쌓일수록 신앙이 나빠지는 어처구니없는 일이 오늘 한국 교회에서 일어나고 있습니다.

답은 성경에 있다

여러분, 밥은 굶어도 성경은 놓칠 수 없다고 결단해야 합니다. 성경은 그저 읽고 아는 지식의 대상이 아닙니다. 하나님의 역사가 일어나려면 깨달은 말씀대로 살아야 합니다. 그러면 우리가 지금 어떤 어려운 처지에 있든지, 반드시 그 문제에서 빠져나오게 됩니다. 오히려 지금의 어려움이 훗날 간증이 됩니다. 성경 말씀을 읽고 묵상하면서 주님의 음성을 듣고 말씀 그대로 살고자 하는 순종이 반드시 있어야 합니다.

D. L. 무디(Dwight Lyman Moody)는 어린 시절 너무나 어려웠습니다. 무디의 어머니 베시 여사는 남편 없이 구 남매를 기를 자신이 없어서 아이들을 입양 보내려고 했습니다. 그 사실을 눈치챈 아이들이 울며 매달렸습니다. 밥을 굶어도 좋으니 제발 다른 가정으로 보내지 말아달라고 애원했습니다. 이에 결심한 베시 여사가 아이들을 모아놓고 "그렇다면 좋다. 우리가 살 수 있는 길은 오직 하나님의 말씀대로 사는 길뿐이다. 그렇게 할 수 있겠느냐?" 다짐을 받았고 매일 저녁 가정에 배를 드리며 이 사실을 확인하고 성경을 읽었다고 합니다. 그 가정에서 위대한 복음 전도자 무디가 나온 것입니다.

어떤 어려움이 닥쳐와도 하나님의 말씀대로 살면 반드시 살 수 있습니다. 지금이야말로 정말 주님의 음성을 듣고 순종하며 살아야 할 때입니다. 성경을 읽기 시작해야 합니다. 노트를 펼쳐 놓고 읽으십시오. 성경대로 살면 살고, 그렇지 않으면 죽는다는 각오로 성경을 읽으십시오.

지금 당신이 어떤 어려운 상황에 있을지라도 그 답은 성경 말씀에 있습니다. 그 말씀에 순종하면 죽을 것 같은 상황에서도 홍해가 갈라지고, 요단강이 마르고, 반석에서 물이 나오고, 골리앗이 거꾸러지고, 해가 머무르는 역사가 일어납니다. 성경에서 일어나는 일과 똑같은 역사가 우리 삶에서도 일어납니다. 여러분, 주님의 말씀을 붙잡고 승리하기를 축복합니다.

prayer points |||||||||||||||||||||||||||||||||||||||||||||||||||||||||||||||||||||||||||||||||||||||||||||||||||||||

1 힘들고 답답한 문제에 대하여 책망이라도 좋으니 주님의 인도하심을 따라가며 주님의 음성을 듣게 하소서.

2 성경을 읽고 말씀을 묵상할 때마다 하나님의 뜻을 깨닫게 하소서.

3 성경을 읽고 깨달은 말씀에 무슨 일이 있어도 순종하게 하소서. 불순종함으로 성령을 소멸하는 일이 없도록 하소서.

하나님의 인도하심을 구하라

PART

2

하나님의
기쁘신 뜻 분별하기

정말
하나님의 뜻대로
살기 원하는가?

14 이미 명절의 중간이 되어 예수께서 성전에 올라가사 가르치시니 15 유대인들이 놀랍게 여겨 이르되 이 사람은 배우지 아니하였거늘 어떻게 글을 아느냐 하니 16 예수께서 대답하여 이르시되 내 교훈은 내 것이 아니요 나를 보내신 이의 것이니라 17 사람이 하나님의 뜻을 행하려 하면 이 교훈이 하나님께로부터 왔는지 내가 스스로 말함인지 알리라 18 스스로 말하는 자는 자기 영광만 구하되 보내신 이의 영광을 구하는 자는 참되니 그 속에 불의가 없느니라

요한복음 7:14-18

영적인 눈으로 보는 것들

2019년 장로 아카데미 수료식 전에 권사, 장로, 목사가 다 함께 '한 시간 기도'를 하였습니다. 그날 저는 여러 일정으로 몸이 많이 지친 상태라 주님 안에서 좀 쉬고 싶었습니다. 기도 제목을 놓고 기도하기보다는 주님만 바라보며 주님 안에 거하고 싶었습니다.

그런데 기도하는 가운데 특별한 경험을 했습니다. 마치 이사야가 성전에서 기도할 때 영안이 점점 열리며 영광스러운 하나님의 보좌를 바라보는 것 같았습니다. 그 순간 알 수 없는 눈물과 흐느낌이 터져 나왔고 제 안에 쌓인 피로와 긴장이 풀어지며 주님으로부터 새 힘이 부어지는 것을 느꼈습니다. 이처럼 매일매일 하나님의 보좌 앞에서 사는 것이라 생각하니 우리의 삶이 결코 지루한 일상의 반복일 수 없음을 분명히 깨달았습니다. 하나님의 보좌 앞에서 하나님나라의 영광을 보게 된다고 생각하니 너무나 감격스러웠습니다.

제가 가슴 벅찬 회복을 경험하며 눈을 떴을 때 여전히 예배당이었고 주위에서 장로님과 목사님들이 기도하고 있었습니다. 육신의 눈으로 보면 사람과 건물이 있고 하늘과 땅이 있을 뿐이지만, 영적인 눈으로 보니 우리가 하나님과 그 보좌 앞에 서 있으며 하나님의 영광이 가득한 자리에 나와 있는 것이었습니다. 이와 같이 우리는 두 세계를 동시에 살고 있습니다.

영적인 눈으로 보면 우리는 거룩하신 하나님 앞에 있는 것입니다. 우리가 그 영광을 다 감당할 수 없기에 믿음으로만 바라보게 하실 뿐입니다. 사도 바울이 사울이었을 때 그가 주님을 강렬한 빛으로 보고도 눈이 멀어버렸다는 것을 기억하십시오. 그 정도로 우리는 주의 영광 보기를 감당할 수 없습니다. 그러나 하나님은 우리가 소화할 수 있는 만큼 걸러서 주의 영광을 보게 하십니다. 분명한 것은 우리 안에 예수님이 계시고, 우리가 이미 하나님의 나라를 살고 있다는 것입니다. 여러분이 이 사실을 진정으로 믿으면 하루하루가 절대 똑같을 수 없습니다.

하나님의 영광 앞에 서면 매 순간 황홀합니다. 내 형편이 너무 어려워서 말할 수 없이 비참한데도 영적인 세계는 황홀할 정도로 놀랍습니다. 야곱이 형 에서를 피해 하란으로 도망하다가 벧엘 들판에서 잠들었을 때 천사들이 하늘에 닿는 사닥다리 위에서 오르락내리락하고 그 위에 계신 하나님께서 말씀하시는 소리를 들었습니다. 그때 야곱이 깨달은 것이 무엇입니까? 그 곳에 분명히 하나님이 계신데도 자신이 그것을 미처 깨닫지 못했다는 것입니다.

우리에게도 그 눈이 뜨이기를 바랍니다. 이것은 어떤 특별한 사람만 경험하는 세계가 아닙니다. 우리의 영이 점점 맑아지면 육신의 눈으로는 보이지 않던 주님의 임재와 하나님의 나라가 심령 깊숙한 곳에서부터 보이기 시작할 것입니다. 그러면 남편이나 아내가 변하지 않고 아이들이 변함없이 말썽을 피우고 집안 형편이 어려워도 그 상황을 버틸 힘이 생깁니다. 그것은 웃는 얼굴로 찬송하며 어려움을 이겨낼 수 있는 엄청난 힘입니다. 일터에 어려운 문제가 있어도 주님을 바라보는 눈이 뜨이면 이겨낼 힘이 생깁니다. 우리에게 그 은혜가 꼭 필요합니다.

순종의 결단 그 이후의 변화

하나님의 인도를 받으려면 성경을 읽어야 합니다. 기도하면서 성경을 읽고 묵상하는 것이 하나님의 인도를 받는 가장 확실한 방법입니다. 그러나 더 중요한 것이 하나님의 뜻대로 순종하겠다는 결단입니다. 강변교회를 담임하셨던 김명혁 목사님이 미국에서 유학할 때 생후 2개월밖에 안 된 아들이 뇌 수술을 받아야 하는 긴박한 상황이 벌어졌습니다. 의사는 수술 후 아이가 저능아나 장애아가 될 확률이 높다고 말했습니다.

목사님은 하나님께서 왜 이런 시련을 주시는지 마음이 힘들었지만, 며칠 동안 기도하는 가운데 아들이 어떻게 되든지 사랑할 것을 결심하게 되었고, 그 일을 계기로 목사님 안에 엄청난 변화가 일어났습니다. "그 전까지만 해도 저는 좋은 사람과 나쁜 사람을 구분했습니다. 교인들 중에 믿음이 좋고 성실하고 헌신적인 사람은 좋은 사람으로 여기고, 믿음이 없고 성실하지도 않고 헌신하지도 않는 사람에게는 거리를 두었는데, 이런 태도가 하나님 앞에 얼마나 잘못된 것인지를 깨달았습니다."

그 후 그는 한국에 돌아와 가난한 동네 교회에 부임하게 되었습니다. 그의 안에 약한 사람, 가난한 사람, 부족한 사람, 장애인을 보는 눈이 달라지고, 좋은 사람과 나쁜 사람이라는 구분이 없어지자 모든 교인들이 다 사랑스러웠고, 집이 누추해도 그들을 심방하는 일이 기뻤습니다. 심지어 성도가 내놓은 과일에 죽은 개미가 붙어 있어도 그것을 맛있게 먹을 수 있었다고 합니다.

극단적인 결단이 필요한 이유

때때로 하나님께서 부담스러울 만큼 우리를 몰아가신다고 느껴질 때가 있습니다. 여호수아는 죽기 전에 이스라엘 백성에게 유언하기를 "너희가 섬길 자를 오늘 택하라"(수 24:15)라고 말했습니다. 엘리야가 갈멜산에서 바알 선지자들과 대결할 때도 이스라엘 백성을 향해 "너희가 어느 때까지 둘 사이에서 머뭇머뭇하려느냐 여호와가 만일 하나님이면 그를 따르고 바알이 만일 하나님이면 그를 따를지니라"(왕상 18:21)라고 책망했습니다. 그런데도 이스라엘 백성이 아무 대답도 하지 않았다고 합니다. 그들의 입장에서는 부담스럽고 마음에 확신도 없어서 하나님과 바알을 둘 다 섬기고 싶은데, 교회도 다니고 세상도 즐기고 싶은데, 딱 하나만 택하라고 하는 것입니다.

예수님도 한 제자가 아버지 장례를 치른 후에 예수님을 따르겠다고 했을 때 "죽은 자들이 그들의 죽은 자들을 장사하게 하고 너는 나를 따르라"(마 8:22)라고 하셨습니다. 그 제자가 얼마나 부담스러웠을까요? 그러나 주님은 "누구든지 나를 따라오려거든 자기를 부인하고 자기 십자가를 지고 나를 따를 것이니라"(마 16:24)라고 하셨고, 겟세마네 동산에서 잠든 제자들에게는 "너희가 나와 함께 한 시간도 이렇게 깨어 있을 수 없더냐"(마 26:40)라고 질책하시며 기도하도록 시키셨습니다.

그렇다면 하나님께서는 왜 이렇게 부담스러운 결단으로 우리를 몰아가실까요? 그 이유를 잘 알아야 합니다. 그것은 하나님께서 지나치신 것이 아니라 우리가 지나치게 육신에 끌려 살기 때문입니다. 우리는 자기도 모르게 육신에 이끌려 살아갑니다. 세상 것을 보고 듣고 즐기고 먹을 것을 탐하다보면 게을러지고 기도와 말씀을 점점 멀리하게 됩니다.

> 너희가 육신대로 살면 반드시 죽을 것이로되 영으로써 몸의 행실을 죽이면 살리니 롬 8:13

지금 이대로 두면 영이 죽고 망하는 길로 갈 테니, 하나님께서 우리를 살려주시려는 것입니다. 우리가 육신에 끌려 살면 반드시 죽겠으니 성령으로 살게 하시려고 우리를 재촉하시는 것입니다. '오직 기도'는 결코 극단적인 말이 아닙니다. 그래야 겨우 기도 좀 합니다. '한 시간 기도'라고 해야 그나마 기도합니다. '오직 전도'라고 해야 전도를 좀 하게 됩니다. 그렇지 않

하나님의 인도하심을 구하라

으면 우리는 아예 전도하지 않습니다. "사랑만 하며 살리라"라고 해야 그나마 조금이라도 사랑합니다. 우리는 그런 존재입니다. 그렇기 때문에 '십자가 복음'이 곧 "나는 죽고 예수로 사는" 것이고, 그래야 비로소 '예수님의 사람'으로 살 수 있습니다.

꼭 그렇게까지 해야 하느냐고 묻는 분들이 많은데, 그것은 우리의 죄성을 잘 몰라서 그렇습니다. 시험이 오고 문제가 찾아올 때, 성공하고 합격할 때조차 내 자아가 죽지 않으면 우리는 다 육신으로 흘러가게 되고, 예수님의 사람으로 살 수 없습니다. 우리 주님은 우리를 살리려고 하시는 것입니다.

정말 하나님의 뜻대로 살기를 열망하는가?

요한복음 7장에서 유대인들이 예수님을 죽이려고 구체적으로 모의합니다. 유대인들은 예수님을 실제로 만났습니다. 예수님의 말씀을 직접 들었고 예수님이 행하시는 기적을 눈으로 보았습니다. 그런데도 그들은 예수님을 죽이려고 합니다. 그들은 예수님을 그리스도라고 믿지 않았고, 하나님을 모독하는 죄인으로 보았습니다. 얼마나 기가 막힙니까?

우리가 체험이 부족해서 신앙생활을 제대로 못 하는 것이 아닙니다. 체험으로 보면 예수님 당시 대제사장들과 바리새인들에 비하겠습니까? 그런데도 그들은 예수님을 믿지 않았고, 심지어 그분을 십자가에 못박았습니다. 예수님의 형제들도 예수님이 그리스도라는 확신이 없었습니다. 왜 그렇습니까? 사도 요한은 그들이 진정으로 하나님의 뜻대로 살고자 하는 마음이 없었기 때문이라고 말합니다.

> 사람이 하나님의 뜻을 행하려 하면 이 교훈이 하나님께로서 왔는지 내가 스스로 말함인지 알리라 요 7:17

하나님의 뜻을 행하고자 하는 결단이 이렇게 중요합니다. 많은 분들이 예수님이 분명히 역사해주시지 않아서 그분을 확실히 믿지 못한다고 착각하는데 그렇지 않습니다. 우리가 진정으로 하나님을 사랑하고 하나님의 뜻을 행하고자 하는 마음이 없기 때문에 하나님의 역사를 체험하지 못할 뿐입니다. 여전히 내 생각과 내 계획, 내 고집대로 살고 싶어 하지는 않는지, 오직 하나님의 뜻대로 살겠다는 마음이 있는지 먼저 확인해봐야 합니다. 여러분, 지금 우리도 동일합니다. 예수님은 지금도 우리와 함께 계시고, 우리에게 말씀하시고, 우리 가운데 역사하십니다.

성경을 펼쳐보십시오. 성경은 주님의 부르심에 순종으로 반응한 사람들의 기록으로 가득합니다. 아브라함은 75세에 어디로 가는지 모른 채 길을 떠났습니다. 매일 주님이 가라고 하시는 방향을 따라서 조금씩 나아갔습니다. 노아는 비 한 방울 내리지 않는데 산에 방주를 만들었습니다. 거인 골리앗 앞에 돌멩이 다섯 개를 들고 선 소년 다윗도 있습니다. 에스더는 왕이 부르지도 않았는데 규례를 어기고 왕 앞에 나아가 동족을 살려달라고 부탁했습니다. 그때 에스더의 심정이 어땠을까요? 삼백 명밖에 안 되는 군사로 미디안의 대군과 싸워야 하는 기드온의 기분은 또 어땠을까요?

우리는 이런 믿음의 영웅의 이야기를 읽을 때 큰 은혜를 받습니다. 왜냐하면 내 문제가 아니라 남의 이야기이고, 이미 그 결말을 다 알기 때문입니다. 그렇지만 이것이 내 문제가 되면 다릅니다. 여러분이 아브라함과 똑같은 말씀을 들었거나 다윗의 처지이거나 에스더와 같은 상황에 처했다면 그들처럼 할 수 있을까요? 하나님의 뜻대로 하겠다는 결심이 서지 않은 사람이라면 못 합니다. 에스더처럼 "죽으면 죽으리이다"라는 마음가짐이 아니면 안 되는 것입니다.

우리에게 하나님의 뜻대로 살겠다는 결심이 없으면 우리는 하나님의 역사를 경험할 수 없습니다. 하나님의 뜻대로 살기를 열망하는 자는 예수님이 함께하시는 것을 알게 됩니다. 그러나 죽기를 각오하고 하나님의 뜻대로 하겠다는 열망이 없는 사람은 그가 목사든 전도사든, 장로, 권사, 집사라는 직분자일 수는 있어도 실제로 살아 계신 하나님의 역사를 전혀 경험하지 못합니다. 하나님이 계신지 안 계신지도 모르고 간증도 없고 감동도 없이 살아갑니다.

영원한 것을 위해 영원하지 않은 것을 버리는 삶

지금도 많은 사람이 하나님의 말씀을 듣지 못한다고 답답해합니다. 하나님의 인도를 받아야 한다는 것은 알지만 그것이 너무 어렵게 느껴집니다. 그런데 그렇지 않습니다. 하나님이 우리에게 하나님의 뜻을 깨닫지 못하게 하실 이유가 없습니다. 하나님이 왜 우리를 힘들게 하시겠습니까? 하나님은 우리가 알기를 바라십니다. 하나님의 뜻대로 살겠다는 분명한 마음의 결단이 없으니까 주님이 말씀하셔도 듣지 못합니다. 주님이 역사하시는데도 주님이신 줄 분별하지 못하는 것입니다.

하나님의 뜻대로 살고자 결심한 사람은 기도부터 달라집니다. 어려운 일이 생기면 처음에는 누구나 "하나님, 도와주세요", "제 문제를 해결해주세요"라고 기도합니다. 그런데 하나

하나님의 인도하심을 구하라

님의 뜻대로 하겠다는 마음이 있는 사람은 점점 기도가 바뀝니다. "주님의 뜻이 무엇입니까?"라고 묻게 되고, 결국 "모든 것에 감사합니다"라고 고백하게 됩니다. 기도가 달라지니까 역사도 다르게 나타납니다. 아무것도 구하지 않은 것 같은데, 사실 이 기도에 가장 강력한 역사가 있습니다.

1956년 짐 엘리엇(Jim Eliot)은 남미 에콰도르의 정글에서 원주민에게 피살된 채로 발견됩니다. 그는 이런 일기를 남겼습니다. "영원한 것을 얻기 위해 영원하지 않은 것을 버리는 자는 결코 어리석은 자가 아닙니다. 주님, 오래 사는 것을 구하지 않습니다. 다만 주님을 위해 제 삶이 불타기를 원합니다. 주님의 말씀에 따라 순종하기만을 원합니다." 하나님께 쓰임 받는 삶을 살기 위해 청춘과 부와 명예와 권력을 버릴 수 있는 사람은 결코 어리석지 않습니다. 이같은 짐 엘리엇의 순교 소식이 전해지자 수많은 선교사가 일어나 세계 선교의 현장으로 향했습니다.

어느 기독 기업인이 신입사원 면접 때 겪은 이야기를 들려주었습니다. 지원자에게 "왜 우리 회사에 입사하려고 합니까?"라고 지원 동기를 물으면 대부분 "자아실현을 하기 위해서"라고 대답한다고 합니다. "돈이 필요해서"라고 말하는 사람은 한 명도 없다고 합니다. 자아실현이라고 하면 참 고상해 보입니다. 미국의 심리학자 에이브러햄 매슬로우(Abraham Harold Maslow)는 인간의 가장 높은 욕구를 '자아실현'이라고 말했습니다. 그런데 직장 내 모든 갈등이 서로 자신의 자아를 실현하려 하기 때문에 생긴다는 것을 아십니까?

짐 엘리엇은 하나님의 뜻에 순종하기 위해 자신의 명예와 생명과 소원을 다 버리고 순교자가 되었습니다. 그런데 자아실현을 위해 몸부림치는 사람들의 삶은 어떻습니까? 이 세상의 기준으로 보면 아직 정확히 분별하기 어렵습니다. 그러나 영원한 하나님의 나라까지 보면 완전히 다릅니다. 주님을 바라보고 하나님나라에 눈이 뜨인 사람은 자아실현을 위해 살지 않습니다. 하나님의 뜻에 순종하는 것이 최고라고 여기는 사람이 순교의 길도 감당하는 것입니다.

다음 걸음을 내딛기에 충분한 인도하심

우리가 하나님의 뜻대로 살기 원한다면 주님은 반드시 우리의 길을 인도하십니다. 물론 1년 후, 10년 후, 앞으로 30년 후에 될 일에 대해 말씀하지는 않으십니다. 그렇지만 매 순간 한 걸음씩 우리가 나아가야 할 길은 반드시 가르쳐주십니다. 제럴드 싯처(Gerald Sittser) 교수가 《하나님의 뜻》(성서유니온)

이라는 책에 베로니카 목사의 설교를 다음과 같이 인용했습니다.

"베로니카 목사는 방향을 인도해달라고 기도할 때마다 늘 자기 발 앞에 빛이 한 점 나타난다고 말했다. 발길을 뗄 수 있는 작은 빛의 반경이었다. 그녀는 강단에서 내려와 시범을 보이며 조심스레 앞으로 한 발을 떼어놓았다. 그러고는 어리둥절한 표정을 지으며 그 자리에 서 있다가 빛이 옮겨간 자리로 다시 한 발짝 더 옮겼다. 처음 서 있는 곳에서 60센티미터쯤 떨어진 곳이었다. 그렇게 몇 번을 더 하다가 그녀는 말했다. '우리는 이처럼 믿음으로 한 걸음씩 나아가야 합니다. 목표 지점으로 가면서 도중에 넘어지기도 하고 실수도 합니다. 그런데 놀라운 사실은 결국 우리가 있어야 할 바로 그 자리에 이른다는 것입니다.'"

하나님께서는 우리를 정확히 인도하십니다. 우리가 가야 할 길로 반드시 우리를 이끄십니다. 우리가 지금 아무리 힘들고 혼란스럽고 두려울지라도 주님이 인도하시는 길은 반드시 나타나게 되어 있습니다. 다음 걸음을 내딛기에 충분할 만큼의 빛은 계속 비칠 것입니다. 하나님께서 1년 뒤의 일을 알려주시지는 않지만, 한 걸음 내디뎌야 할 곳은 정확하게 가르쳐주십니다. 그 주님의 인도함을 정말 믿으시기 바랍니다.

주님은 실패를 통해서도 그 길을 보여주시고 순탄하지 못한 시절을 통해서도 여러분의 길을 이끄십니다. 틀림없이 아리송하고 모호하고 혼란스러운 상황에 부딪히게 되겠지만 그러나 믿음으로 계속 가야 합니다. 그 주님을 따라갔더니 고생스럽고, 주님께 순종했더니 어려움이 임하더라도 절대로 그것을 이상하게 생각하지 마십시오. 그런 길을 통해서도 하나님은 반드시 여러분을 이끄십니다. 사망의 음침한 골짜기를 지나갈 수도 있습니다. 그러므로 상황과 여건에 따라 판단하지 않고 오직 주님의 뜻이라면 어디라도 가겠다는 결단이 있어야 합니다.

주님이 앞장서시는 그 길을 따라가라

저에게도 어릴 때, 신학교에 다닐 때, 처음 목회할 때 꿈이 있었습니다. 그러나 그 꿈대로 된 것이 하나도 없습니다. 저는 제가 계획하고 꿈꿔온 것과는 완전히 다른 삶을 살고 있습니다. 그런데 제가 생각하고 계획했던 것보다 훨씬 더 놀라운 삶을 살고 있습니다. 왜 그럴까요?

제가 신학교를 졸업하고 얼마 되지 않았을 때 저는 제 꿈과 계획과 목표를 주님 앞에 내려놓으라는 인도하심을 받았습니다. 철저하게 하나님께서 그렇게 하셨습니다. 제가 생각하고 계획하고 꿈꾸던 것, 제가 좋아하는 것을 다 버리라고 하셨을 때 저는 비참했습니다. 이것도 버리고 저것도 버리면서 어느 때는 몸부림치며 울었습니다. 지금 생각해보면 왜 그렇게 비참한 마음이 들었는지 부끄럽기도 합니다.

그렇게 제 삶을 주님께 다 맡기고 주님의 이끄심에 순종하며 살았습니다. 주님이 원하시는 대로 힘든 길이든 어려운 길이든 상관없이 그 순간에 기도하고 주님이 나를 이끄신다는 확신이 들면 과감하게 순종했습니다. 어느 때는 주님이 아슬아슬한 절벽에서 뛰어내리라고 하시는 것 같았고, 어느 때는 앞이 보이지 않는데 자동차를 운전해야 하는 것 같은 느낌이 들기도 했습니다. 정말 그런 기분으로 지금까지 살아왔습니다. 오직 한 가지 "주님은 살아 계시고 그분이 내 인생을 결정하신다"라는 믿음으로 여기까지 온 것입니다.

지금도 같은 마음입니다. 제 계획과 목표를 십자가에 못박고 모든 것을 주님께 다 맡기고 두 팔 벌려 주님이 앞장서시는 그 길을 따라가려고 합니다. 바람에 실려 하늘을 나는 기분입니다. 제가 통제할 수 없는 삶입니다. 여러분도 이런 자세로 기도해보시기 바랍니다. 주님 자신이 길입니다. 그것도 큰 길입니다.

주께 힘을 얻고 그 마음에 시온의 대로가 있는 자는 복이 있나이다

시 84:5

성도의 마음에 있는 시온의 대로는 사람의 길이 아니라 예수님의 길입니다. 예수님 자신이 길입니다. 그러므로 예수님 한 분만 분명히 바라보고 가면 잘 가고 있는 것입니다. 그래서 24시간 주님과 동행하자는 것입니다. 하나님의 말씀을 듣는 귀를 여는 길은 간단합니다. "이제는 정말 하나님의 뜻에 순종하겠습니다" 하고 잠잠히 주님께 귀 기울이는 것입니다. 그러면 우리가 가야 할 길을 명확히 알게 해주시고, 끝까지 순종의 길을 갈 힘을 주실 것을 믿습니다.

하나님의 인도하심을 구하라

1 가정이나 일터나 교회에서 하나님의 뜻이 아니라 내 뜻대로 되기를
고집한 죄를 회개하게 하소서.

2 "이제는 오직 하나님의 뜻대로 살겠습니다. 순종하겠습니다"라고 결
단하는 기도를 하게 하소서.

3 하나님의 뜻을 알게 하소서. 한 걸음이라도 좋으니 주님의 인도하심
을 알게 하소서.

하나님의
뜻을 알면
고난도 자랑하게 된다

7 여러 계시를 받은 것이 지극히 크므로 너무 자만하지 않게 하시려고 내 육체에 가시 곧 사탄의 사자를 주셨으니 이는 나를 쳐서 너무 자만하지 않게 하려 하심이라 8 이것이 내게서 떠나가게 하기 위하여 내가 세 번 주께 간구하였더니 9 나에게 이르시기를 내 은혜가 네게 족하도다 이는 내 능력이 약한 데서 온전하여짐이라 하신지라 그러므로 도리어 크게 기뻐함으로 나의 여러 약한 것들에 대하여 자랑하리니 이는 그리스도의 능력이 내게 머물게 하려 함이라 10 그러므로 내가 그리스도를 위하여 약한 것들과 능욕과 궁핍과 박해와 곤고를 기뻐하노니 이는 내가 약한 그 때에 강함이라

고린도후서 12:7-10

운명론을 주의하라

여러분, 어떤 어려움과 고통스러운 일을 당하더라도 결코 낙담하지 말아야 합니다. 하나님의 뜻을 깨닫지 못하여서 그렇지, 하나님의 자녀인 우리는 어려움 때문에 망하지는 않습니다. 우리나라의 역사가 말해주는 것처럼 우리는 나라를 잃은 적도 있고 전쟁을 겪기도 했습니다. 지금과 비교할 수 없는 큰 어려움을 수도 없이 겪었습니다. 그런데 우리나라가 망했습니까? 당시에는 끝일 것만 같았는데 아닙니다. 어려움 때문에 망하지 않습니다. 하나님의 뜻을 제대로 찾지 못하면 형편이 좋은 사람도 무너지지만, 하나님의 뜻만 제대로 알면 어떤 상황이라도 하나님이 주시는 은혜가 더 큽니다. 인생의 전환점이 되는 때가 바로 그때입니다.

하나님의 뜻을 구할 때 한 가지 조심할 것이 있습니다. 그것은 지나친 운명론에 빠지는 것입니다. 미래에 어떤 일이 있을지에만 관심을 가지는 것입니다. 하나님의 뜻을 구하는 동기가 하나님께 있지 않고 '미래에 어떤 일이 있을까?', '어디로 가야 좋은 일이 생길까?', '무슨 직업을 택하면 잘될까?' 즉 편하고 고생하지 않고 잘살기를 바라는 마음으로 하나님의 뜻을 구하는 일을 정말 조심해야 합니다.

이처럼 미래에 되어질 일만 알려 하는 태도는 점을 치는 것과 같습니다. 하나님은 미래를 알고자 점치는 행위를 정말 싫어하셨습니다. 하나님은 반드시 우리를 향한 선한 계획을 가지고 계십니다. 현재의 코로나19 상황에 대해서도 마찬가지입니다. 역사상 끔찍했던 순간이 많았지만, 거기에는 언제나 하나님의 선하신 뜻이 있었습니다. 그러나 그 선한 뜻이 무엇인지 알려고만 해서는 안 됩니다.

여러분, 미래를 알면 좋을 것 같습니까? 1년 뒤에 일어날 일, 10년 뒤에 일어날 일을 알면 행복할까요? 만약 1년 뒤에 좋은 일이 있을 거라고 했다면 1년 내내 영적으로 자만하고 게으르고 타락할 것입니다. 반대로 1년 뒤에 안 좋은 일이 있다고 한다면 살아갈 낙이 없다고 할 것입니다. 그래서 하나님은 1년 후, 3년 후에 무슨 일이 있을 거라고 알려주지 않으시는 것입니다. 아는 것이 우리에게 유익하지 않기 때문입니다.

하나님의 인도하심을 구하라

하나님의 뜻은 우리가 발견해야 할 미래가 아니다

제럴드 싯처의 《하나님의 뜻》(성서유니온)은 제가 이 시리즈 설교를 하게 된 동기가 된 책이기도 합니다. 저자는 이 책에서 일관되게 미래에 일어날 일을 하나님의 뜻이라고 생각하지 말라고 합니다. '지금 내가 무엇을 해야 하는가?'가 중요한 하나님의 뜻이지 '앞으로 어떻게 하면 좋은 일이 생길까?' 그것을 찾는 것이 아니라는 말입니다. 그러면서 자신의 이야기를 들려줍니다.

그에게는 아름다운 아내와 두 딸과 두 아들이 있었습니다. 그는 아내와의 결혼이 하나님의 뜻인 줄 알았고, 여섯 식구가 행복한 가정을 이루어 안정되고 순조로운 삶을 살아가는 것이 자신을 향한 하나님의 뜻이라고 생각했습니다. 그런데 어느 날 음주 운전자가 낸 교통사고로 아내와 장모님과 막내딸을 잃었습니다. 그 후 그는 재혼하지 않고 남은 세 자녀를 기르며 살고 있습니다. 한순간에 모든 것이 달라졌습니다. 특히 '하나님의 뜻'에 대한 그의 생각에 근본적인 변화가 생겼습니다.

'도대체 하나님의 뜻이 무엇인가?' 하나님의 뜻은 우리가 발견해내야만 하는 미래의 길이 아니었습니다. 성경은 우리에게 미래를 지레짐작하여 염려하지 말라고 경고하며, 매사에 하나님의 주권을 인정하고 이미 알고 있는 하나님의 뜻을 따라 살라고 합니다. 그것이 성경이 전하는 강력한 메시지라는 것입니다. 따라서 우리가 자신의 운명을 알려고 지나치게 관심하는 것은 옳지 않습니다. 무슨 직업을 택하면 잘 될지, 어떤 사람을 만나야 행복할지, 이런 기준으로 하나님의 뜻을 구하지 말라는 것입니다.

결혼을 준비하는 예비 신랑 신부들은 좋은 결혼 상대를 만나야 행복하게 살 거라고 생각합니다. 그래서 결혼할 때 좋은 사람을 만나려고 애를 씁니다. 그 사람이 나를 행복하게 해주리라 생각하는 것입니다. 그러다가 결혼해서 행복하지 않으면 사람을 잘못 만났다고 생각합니다. 불행한 이유를 계속 배우자에게서 찾는 것입니다. 그러나 행복은 좋은 사람을 만나서 주어지는 것이 아닙니다. 불행도 좋은 사람을 만나지 못해 그런 것이 아닙니다. 좋은 사람을 만나고도 불행하게 사는 사람이 많습니다.

행복한 결혼은 남편과 아내에게 주신 하나님의 말씀, 곧 "아내는 남편에게 복종하고 남편은 아내를 사랑하라"(엡 5:24, 25 참조)는 말씀을 지키느냐 아니냐에 따라 결정됩니다. 아무리 멋있는 사람, 잘생긴 사람, 성품이 좋은 사람을 만나도 아내가 남편에게 순종하지 않고 남편이 아내를 사랑하지 않으면 지옥 같은 삶을 살게 됩니다.

앞으로 되어질 일을 아는 것이 필요하다면 하나님께서 우리에게 알게 하십니다. 그런데 대부분 언제 무슨 일이 일어날 거라고 명확히 말씀하지는 않으십니다. 다만 믿음으로 바라보게 하실 뿐입니다. 여러분, 하나님의 뜻은 우리가 고생과 어려움은 피하고, 편안하고 풍족한 삶을 사는 것이라 속단하지 마시기 바랍니다. 그렇게 생각하니까 하나님의 인도하심을 분별하지 못하는 것입니다. 하나님의 뜻이 고생하는 길일 수 있습니다. 그러나 고난의 길이라도 하나님의 뜻이면 가겠다고 결단한 사람에게는 그 길을 분별하는 지혜가 생깁니다.

예수의 십자가 고난이 하나님의 뜻이다

에이브러햄 링컨이 아홉 살 때 그의 어머니가 돌아가시면서 "힘들고 어려울 때 성경을 읽어라. 그러면 하늘 문이 열릴 것이다"라는 유언과 함께 성경을 물려주었다고 합니다. 링컨이 대통령으로 있을 때 그가 종종 출석하던 워싱턴 DC의 뉴욕 에비뉴교회의 목사님은 링컨 대통령이 펴놓은 성경을 옆에서 눈여겨볼 수 있었습니다. 낡은 성경을 여러 번 짚어서 손자국이 많고 심지어 눈물자국까지 있던 성경 말씀은 시편 37편 7절

"여호와 앞에 잠잠하고 참고 기다리라"였습니다. 딱 봐도 링컨이 그것을 수없이 읽고 묵상했다는 것을 알 수 있었다고 합니다.

하나님을 믿고 잠잠히 참고 기다려야 한다는 것은 링컨에게 그만큼 어려움이 많았다는 의미입니다. 이것이 동일하게 자신에게 주시는 말씀이라고 느껴지는 분이 많을 것입니다. 주님이 오늘도 "참고 기다려라", "인내하라"고 말씀하시기 때문에 참고 기다리는 분들이 얼마나 많습니까? 하나님이 우리에게 원하시는 것은 문제가 속 시원히 해결되고 모든 일이 다 형통해지는 것이 아닙니다. 잠잠히 참고 기다릴 때 그 속에 하나님의 뜻이 있습니다.

모든 사람이 구원을 받고, 하나님의 자녀답게 사는 복을 누리며, 하나님의 살아 계심을 경험하는 것이 우리 모두를 향한 하나님의 뜻입니다. 그러나 하나님은 그런 하나님의 뜻을 이루는 과정에서 불가피하게 겪어야 하는 시련, 연단, 악한 마귀의 공격을 허락하십니다. 한 사람이라도 더 구원하시기 위해 심판을 미루다보니 성도들에게 여전히 시험이 있습니다. 이 점을 분별해야 하나님의 뜻을 정확히 알 수 있습니다.

하나님께서 우리에게 고난을 허락하실 때는 하나님도 그렇게 하실 수밖에 없으셨기 때문입니다. 예수님의 십자가가 그

하나님의 인도하심을 구하라

증거입니다. 죄로 인하여 멸망당할 인류가 구원받을 수 있는 길은 예수님의 십자가 고난밖에 없었던 것입니다. 그러므로 하나님의 뜻이면 행복하고 편안하고 성공할 거라고 착각하지 말아야 합니다. 하나님의 뜻이어도 고난이 있을 수 있습니다. 하나님께서 허락하신 길을 가는 동안 자신이 어려운 일을 겪을 수 있다는 것을 인정해야 합니다. 그래야 비로소 하나님의 뜻을 깨닫고 오히려 그 고난을 기뻐하고 자랑할 수 있습니다. 중요한 것은 하나님의 뜻대로 사는 자에게 하나님은 반드시 함께하시고 계속 이길 힘을 주신다는 것입니다.

구하는 자에게 성령을 주시는 하나님

하나님께서는 구하는 자에게 응답하시겠다고 약속하셨습니다. 그러나 하나님은 우리가 구하는 대로 주시는 것이 아니라 좋은 것으로 주시겠다고 하셨습니다.

> 너희가 악한 자라도 좋은 것으로 자식에게 줄 줄 알거든 하물며 하늘에
> 계신 너희 아버지께서 구하는 자에게 좋은 것으로 주시지 않겠느냐
>
> 마 7:11

우리는 이 점에 감사해야 합니다. 왜냐하면 우리는 우리가 구하는 것이 우리에게 정말 좋은 것인지 알지 못하기 때문입니다. 그런데 모르고 잘못 구했을지라도 하나님께서 좋은 것으로 주신다고 하니 마음껏 기도할 수 있는 것입니다. 하나님께서 기도를 책임져주실 것을 믿는 것입니다.

이 믿음은 우리가 기도했을 때 이루어진 일이 우리 생각과 달라도 그것이 좋은 것이라고 믿어야 한다는 것을 전제합니다. 무엇을 구하든지 하나님께서 좋은 것으로 주신다는 믿음이 있으니까 마음껏 구할 수 있는 것입니다. 그리고 기도했는데 그 결과가 자신이 원한 것이 아닐 때 '이것도 하나님의 허락하심이구나' 하고 받아들여야 합니다. 자신이 원하는 대로 되지 않았다고 응답받지 못했다고 생각하면 큰 시험에 빠지게 됩니다. 우리는 기도하면 다 응답받습니다. 기도하고 응답받은 것이 자기 뜻과 달라도 그것이 좋은 것이라고 믿는 것이 하나님의 뜻을 분별하는 바른 자세입니다.

그러나 여전히 "목사님, 저는 응답받지 못한 것이 많은데요?" 하며 반발할 사람이 있을 것입니다. 우리가 하나님께 기도하면 하나님이 반드시 응답하신다는 증거가 우리 안에 오신 성령입니다. 아이가 무슨 이유로 울든지 엄마가 와서 다 해결해줍니다. 그 아이에게는 엄마가 바로 응답입니다. 그처럼

하나님의 인도하심을 구하라

우리가 무엇을 구하든지 하나님이 구하는 자에게 성령을 보내주십니다. 모든 사정을 잘 아시는 성령이 우리를 이끌어가십니다. 그러니 우리의 모든 기도는 사실 다 응답받은 것입니다.

다른 방법으로 이끄시는 하나님

코로나19가 확산될 때 처음에는 이 상황이 빨리 종식되게 해달라고 기도했습니다. 그런데 초반에는 포스트 코로나(post corona)를 이야기하다가 지금은 위드 코로나(with corona)를 말하는 전문가들이 많아졌습니다. 그만큼 코로나19가 쉽게 종식되지 않을 것이라는 말입니다. 이런 상황에서 '코로나19 팬데믹이 빨리 끝나도록 기도했는데 하나님께서 왜 응답해주지 않으시나?' 이렇게 생각하면 안 됩니다. 기도했는데 코로나19 팬데믹이 빨리 끝나지 않는다면 '하나님께서 다른 방법으로 우리를 이끄시는구나!'라고 생각하는 것이 옳습니다. 하나님은 우리의 기도를 들으셨습니다. 하나님께서 우리의 상황을 모르시는 것이 아니라 새로운 일을 진행하고 계신 것입니다.

그러고 보니 2020년에는 이전에 해보지 못한 많은 일들이 이루어졌습니다. 저는 우리 교회 소그룹 공동체인 속회에 예수동행일기가 정착되기를 오래 기도했지만, 솔직히 마음속으로 포기하고 있었습니다. 모든 교인에게 예수동행일기를 쓰도록 강요할 수는 없었기 때문입니다. 하지만 예수동행일기를 온전히 쓰는 교인들이 모인 교회에서는 과연 어떤 일이 일어날지 궁금했습니다. 그래서 2019년 말 예수동행교회를 개척하게 되었습니다.

예수동행교회는 설립된 지 3개월 만에 코로나19 사태를 겪으며 어려운 시기를 보냈습니다. 그런데 정말 놀라운 간증이 넘치는 교회가 되었습니다. 예수님을 바라보는 눈이 뜨인 교인들의 공동체에서는 코로나19 상황이 문제가 되지 않았습니다. 코로나19 사태가 길어지면서 선한목자교회 속회 공동체도 예수동행속회가 되어야 한다는 마음이 간절해졌고 그것이 실현되었습니다. 속회 공동체가 예수동행일기를 나누는 예수동행속회로 리뉴얼된 것은 코로나19 확산으로 얻은 큰 유익이었습니다.

그동안 저는 아름답게 건축한 예배당에서 기도할 때마다 "하나님, 이 예배당에서 성도들이 24시간 기도할 수 있으면 얼마나 좋을까요!"라고 기도해왔습니다. 그런데 관리의 문제가 만만치 않았습니다. 그래서 예배당 대신 교회에 마련된 마가 다락방(선한목자교회 기도실)에 교인들이 기도할 공간을 확

하나님의 인도하심을 구하라

장하는 선에서 만족해야 했습니다. 그런데 코로나19 확산으로 예배당을 기도실로 과감히 개방하게 되었습니다. 그것을 '성전기도'라 이름하였습니다. 이처럼 교인들이 24시간 예배당에 와서 기도하는 것에 누구도 이의를 달지 않았습니다. 오히려 기뻐하였습니다. 교인들이 교회에 와서 기도할 수만 있다면 관리비가 많이 드는 것이 무슨 문제가 되겠습니까? 코로나19로 생각이 바뀐 것입니다.

기도로 준비해온 많은 집회와 모임이 코로나19로 취소되었습니다. 이때 우리의 태도는 어떠해야 할까요? 못하게 된 것도 하나님의 허락하심이라 믿어야 합니다. 그리고 하나님이 주신 새로운 길을 찾아야 합니다. 그래서 온라인 집회가 열렸고 훨씬 많은 사람들이 참여하게 되었습니다. 이렇게 온라인 제자훈련과 온라인 전도가 시작되었습니다. 온라인 기도원이 생겼고, 온라인 교회도 생겼습니다. 청소년과 청년을 위한 디지털사경회가 열렸고, 영적 부흥을 갈망하는 교회들의 온라인 연합집회도 열렸습니다. 이런 일들을 보면서 저는 '코로나19가 우리를 어렵게만 하는 것은 아니구나. 지금 우리가 해야 할 일을 찾아보면 하나님께서 이전에 상상하지 못한 일들을 이루시겠구나!'라고 깨달았습니다.

약함이 자랑이 되는 비결

사도 바울은 자신의 병이 낫기를 구하며 하나님께 간절히 기도했다고 했습니다.

이것이 내게서 떠나가게 하기 위하여 내가 세 번 주께 간구하였더니
고후 12:8

한 번 기도해도 낫지 않고 두 번 기도해도 낫지 않아서 세 번 기도했습니다. 그러자 놀랄 만한 응답을 받았습니다.

나에게 이르시기를 내 은혜가 네게 족하도다 이는 내 능력이 약한 데서
온전하여짐이라 하신지라… 고후 12:9

하나님은 바울에게 "네 몸에 병이 있는 것이 유익하고, 네가 약할 때 더 온전해진다"라고 하십니다. 몸이 약하기 때문에 하나님을 더 의지하게 된다는 것입니다. 사도 바울은 바로 직전에 셋째 하늘에 올라간 간증을 했습니다. 그는 천국에 가본 사람입니다. 그러니 잘못하면 영적으로 얼마나 교만해질 수 있겠습니까? 하나님은 그런 사도 바울에게 육체의 가시를 주셨습니다. 교만하지 않도록 하기 위함이라는 것입니다. 이것

이 바울이 세 번이나 간구했을 때 주신 하나님의 응답이었습니다. 사도 바울이 비록 병 고침을 받지는 못했지만, 기도 응답을 받은 것입니다.

> 그러므로 도리어 크게 기뻐함으로 나의 여러 약한 것들에 대하여 자랑하리니 이는 그리스도의 능력이 내게 머물게 하려 함이라 고후 12:9

'몸이 고침받는 것보다 주님이 나와 함께 계시는 은혜가 계속되는 것이 더 좋은 일이다. 그렇다면 이제부터 나의 약함을 자랑해야지.' 사도 바울이 이렇게 기뻐했다는 것입니다. 그는 하나님의 뜻을 구하는 자세가 어떠해야 하는지 명확히 가르쳐줍니다. 하나님의 뜻은 어려움이 없어지고 문제가 사라지고 하던 일이 다 잘되고 모든 것이 편안해지는 것이 아닙니다. 어느 때는 고난의 길이요, 실패의 길을 가야 할 수도 있습니다. 그러나 그 길에서도 하나님이 함께하신다면 그 길이 더 좋은 길이라고 기쁨으로 받아들여야 하는 것입니다.

넘치는 하나님의 은혜

중국 가정 교회의 고난의 시기에 영적 지도자였던 워치만 니

(Watchman Nee)가 병이 들어 하나님께 고쳐달라고 기도했을 때 "내 은혜가 네게 족하다"라는 주님의 음성을 들었습니다. 사도 바울에게 주신 바로 그 응답입니다. 처음에는 이해가 잘 안 되었습니다. 기도하면 고쳐주시는 것이 응답이라고 생각했는데, 왜 은혜가 족하다고만 하시나 싶었습니다. 몸부림치며 하루 종일 엎드려 기도하던 어느 날 그가 깜박 잠이 들었습니다.

꿈에 배를 타고 강을 건너게 되었는데, 엄청나게 큰 바위가 앞에 나타나 더 이상 나아갈 수 없게 되자 그는 다급히 "하나님, 빨리 저 바위를 없애주세요"라고 기도했습니다. 그런데 바위가 사라지는 것이 아니라 순식간에 강물이 불어나 바위는 물속에 잠겼고 배가 그 위로 무사히 지나갈 수 있었습니다.

워치만 니는 꿈에서 깨어난 다음 하나님의 역사를 깨달았습니다. 자신에게 있는 '바위'라는 장애물이 없어지는 것이 중요한 것이 아니라 어떤 바위도 능히 넘는 '은혜'가 필요하다는 것을 안 것입니다. 그때부터 그는 육체의 질병을 없애달라고 기도하지 않고 넘치는 하나님의 은혜를 구했다고 합니다.

우리도 마찬가지입니다. 어떤 문제와 시험이 닥칠 때 그것을 없애달라고 기도하기보다는 모든 것을 능히 이길 은혜를 달라고 기도해야 합니다. 코로나19 확산으로 말할 수 없이

하나님의 인도하심을 구하라

어려운 상황입니다. 코로나19가 사라지는 것도 응답이겠지만, 강력한 하나님의 부흥이 임하는 것 또한 또 다른 응답입니다. 코로나19가 전혀 문제 되지 않을 만큼의 큰 은혜입니다.

그 은혜는 주님이 함께 계시는 것이 정말 믿어지는 것입니다. 매일 주님과 함께 사는 것이 생생히 경험되는 것입니다. 주님이 말씀하시는 것이 마음에 분명히 깨달아지면 어떤 상황도 두렵지 않습니다. 어디로 가야 하고 무엇을 해야 할지, 주님이 동행하시고 이끌어주시는 역사가 지금 우리에게 필요합니다. 하나님의 뜻을 알고 나면 고난도 자랑하게 됩니다. 그래서 주님의 은혜가 넘쳤다면 실패도 약함도 고난도 오히려 자랑거리입니다. 오직 지금 이 순간 하나님의 뜻만 행하기를 바랄 뿐입니다. 요셉과 같이 하나님께서 우리와 함께하시는지에 더 주목해야 합니다.

> 그의 주인이 여호와께서 그와 함께하심을 보며 또 여호와께서 그의 범사에 형통하게 하심을 보았더라 창 39:3

우리가 하나님의 뜻대로 행하여도 마귀의 불 연단을 받을 수 있습니다. 욥이 그랬습니다. 이해할 수 없는 고난 앞에서도 욥은 한결같이 하나님의 뜻에 대한 절대 믿음과 절대 감사의 신앙으로 마귀의 불 연단을 이겼습니다.

주님은 무엇을 기뻐하시나요?

박보영 목사님은 한때 의사였는데 소명을 깨닫고 신학을 공부했습니다. 처음에는 병원 일도 하면서 신학교를 다니고 교회 사역을 병행했는데, 그즈음 암이 발견되었습니다. 그는 그것을 주의 일에 전념하라는 하나님의 뜻으로 받아들였습니다. 그래서 병원을 정리하고 개척교회를 시작했습니다.

교단 진급 시험이 있던 날, 그는 시험을 보러 갔다가 너무 아파서 시험도 못 치르고 겨우겨우 교회로 돌아왔습니다. 교회 안에 있는 작은 방에 누워 있자니 '이렇게 죽는 건가?' 싶었다고 합니다. 그때 '죽더라도 기도하다가 죽어야지' 하는 생각으로 교회 강단까지 기어가서 엎드려 간절히 기도했습니다. 그러자 이번에는 '죽더라도 하나님을 기쁘시게 하고 죽어야지. 전도하다가 죽자' 하고 2층 계단을 기다시피 내려왔습니다.

하지만 도무지 힘이 나지 않아 지나가던 학생을 손짓으로 불러서 그에게 복음을 전했는데, 놀랍게도 그 학생이 주님을 영접하여 그를 붙잡고 혼신의 힘을 다해 간절히 기도해주었습

하나님의 인도하심을 구하라

니다. 그런데 그렇게 기도하고 나니 다리에 힘이 들어갔고, 병으로 음식을 삼킬 수도 없었는데 음식이 먹고 싶다는 마음이 생겨 근처 식당에 가서 식사도 했다고 합니다. 그 후 몸이 회복되기 시작하여 건강을 되찾고 귀하게 쓰임을 받으셨습니다.

성경은 하나님의 뜻대로 받는 고난이 있음을 분명히 말씀합니다.

> 그러므로 하나님의 뜻대로 고난을 받는 자들은 또한 선을 행하는 가운데에 그 영혼을 미쁘신 창조주께 의탁할지어다 벧전 4:19

그러니 고난을 당한다고 해서 하나님의 뜻과 반대인 것이 아닙니다. 어느 때는 하나님의 뜻이 맞는지 아닌지, 이해가 잘 안 되는 일이 연속으로 일어날 수도 있습니다. 그 순간에 "주님은 무엇을 기뻐하시나요?"라고 묻는 것이 중요합니다. 이 질문에 대한 응답을 받기는 어렵지 않을 것입니다. "주님, 제가 지금 무엇을 해야 하나요?" 이 질문에 대한 응답이 깨달아지면 힘들고 어려운 것도 자랑할 수 있습니다. 철저히 주님께 묻고 순종하며 살았다면 반드시 간증거리가 있게 하실 것입니다.

하나님이 열어주시는 그 길을 가라

주님이 주시는 마음은 닥쳐올 미래만 걱정하지 말고, 지금 이 순간 하나님의 뜻에 완전한 순종을 하라는 것입니다. 하나님의 함께하심을 확인했다면 고난도 감사하고 자랑하라는 것이었습니다. 그러니 어려움을 두려워하지 말고 이제야말로 하나님의 역사를 체험할 기회라 믿고 기도하시기 바랍니다.

여러분, 힘들고 어려울 때 하나님께서 이끄시는 길을 잠잠히 바라보시기 바랍니다. 반드시 하나님께서 새롭게 열어주시는 길이 있을 것입니다. 하나님께서 계속 새로운 문을 열고 계십니다. 그러나 우리가 기도로 준비되지 않는다면 그것을 얻지도 못하고, 누리지도 못할 것입니다. 우리는 하나님께서 지금 열어주시는 그 길을 가면 됩니다.

prayer points ||||||||||||||||||||||||||||||||||||||||||||||||||||||||||||||||||||||||||||||||

1 앞으로 일어날 일, 편한 길, 성공하는 길 알기를 원하지 않습니다. 지금 여기서 무엇을 해야 할지 알게 하소서.

2 고난의 길을 가야 한다면, 주님이 언제나 함께하심을 알게 하소서.

3 주님과 함께라면 약한 것도 실패도 고난도 자랑할 힘을 주소서.

하나님의 인도하심을 구하라

하나님의
뜻대로
기도하자

그를 향하여 우리가 가진 바 답대함이 이것이니 그의 뜻대로 무엇을 구하면 들으심이라

요한일서 5:14

하나님의 인도하심을 구하라

하나님의 뜻대로 산다는 것

언제나 우리에게 중요한 것은 하나님의 뜻대로 사는 것입니다. 예수님께서도 명확히 말씀하셨습니다.

주여 주여 하는 자마다 다 천국에 들어갈 것이 아니요 다만 하늘에 계신 내 아버지의 뜻대로 행하는 자라야 들어가리라 마 7:21

누구든지 하늘에 계신 내 아버지의 뜻대로 하는 자가 내 형제요 자매요 어머니이니라 하시더라 마 12:50

우리가 예수님을 주(主)로 믿고 고백하는 것은 하나님의 뜻대로 산다는 의미입니다. 하나님의 뜻대로 살지 않으면서 입으로만 "주여 주여"라고 부르짖는다면 그는 진정한 의미에서 예수님을 믿는 사람이 아닙니다. 예수님은 하나님의 뜻대로 행하는 자가 "내 형제요 자매요 어머니"라고 하셨습니다. 하나님의 뜻대로 사는 것은 우리에게 생명과 같이 중요한 문제입니다. 그러므로 하나님의 뜻대로 사는 것은 "된다, 안 된다, 힘들다, 바쁘다"라고 할 문제가 아닙니다.

하나님의 뜻대로 해야 하는 것 중에 기도가 있습니다.

그를 향하여 우리가 가진 바 담대함이 이것이니 그의 뜻대로 무엇을 구하면 들으심이라 요일 5:14

코로나19 사태가 있기 두 해 전에 하나님은 저에게 '한 시간 기도'를 하게 하셨습니다. 그때 저는 "한 시간도 깨어 있을 수 없더냐?"라는 주님의 음성에 순종하여 매일 한 시간 기도를 시작했고, 그 후 《한 시간 기도》(규장) 책의 출간을 계기로 '한 시간 기도운동'이 펼쳐졌습니다. 혼자서 한 시간 기도를 하기 어려워하는 분들을 돕기 위해 기도 사이트도 만들고 기도 앱도 만들어 누구나 어디서든지 한 시간 기도할 수 있게 하였습니다.

그러다가 코로나19가 확산되어 성도들이 교회에서 모일 수 없고 교회 기도실조차 이용할 수 없는 상황이 벌어졌습니다. 하지만 그럼에도 불구하고 한 시간 기도는 계속할 수 있었습

하나님의 인도하심을 구하라

니다. '만약 한 시간 기도운동에 대한 성령의 강권하심에 순종하지 않았다면, 코로나19 팬데믹 상황에서 기도의 힘을 유지할 수 있었을까?' 하는 생각이 듭니다. 이렇듯 매 순간 하나님의 인도하심을 따라 사는 것이 너무나 중요합니다.

기도가 달라졌어요!

하나님의 뜻대로 하지 않으면 아무리 열심히 살아도 허사이고, 오히려 더 안 좋은 결과가 생기게 됩니다. 기도도 마찬가지입니다. 우리는 하나님의 뜻대로 기도해야 합니다. 그런데 하나님의 뜻대로 기도하기란 말처럼 쉬운 일이 아닙니다. 많은 그리스도인이 기도를 하되 자기가 원하는 대로 기도합니다. 하나님께 힘든 것을 하소연하는 기도를 드리거나 자신의 필요를 구하는 기도만 했습니다. 이렇게 기도하는 것은 다른 종교에도 있습니다. 인간은 영적인 존재라 이런 기도가 자연스럽습니다. 그렇기 때문에 하나님의 뜻대로 기도하는 것이 어렵다고 느끼는 것입니다.

최근 한 성도가 저에게 이렇게 질문했습니다. "전에는 기도하면 한 시간은 충분히 했는데, '예수동행일기'를 쓰고 '50일 한 시간 기도운동'을 시작하면서 오히려 기도가 되지 않습니다. 마음으로는 '기도해야지' 하는데 기도가 잘 나오지 않습니다. 어떻게 해야 좋은지요? 목사님, 도와주세요!"

기도를 잘해오던 분이 제자훈련을 하고 예수동행일기도 쓰고 한 시간 기도운동에 동참하였더니 오히려 기도가 더 안 된다니 무슨 까닭일까요? 아마 평소 하나님의 뜻대로 하는 기도를 잘 모르고 기도하다가 하나님의 뜻대로 기도해야 한다고 하니까 갑자기 말문이 막히는 것처럼 느껴진 것 같았습니다. '무슨 기도를 해야 하지? 이 기도는 해도 되나?' 이런 혼란을 경험한 것입니다. 저도 실제로 그런 경험을 했습니다. "하나님의 뜻대로 기도하라", "나는 죽고 예수로 사는 자로 기도하라"고 하니 기도가 자연스럽지 않고 어렵게 느껴지는 것입니다.

저는 그 성도에게 이렇게 답해드렸습니다. "예수님과 동행하면서 일어나는 가장 큰 변화는 '기도의 변화'입니다. 기도가 달라지기 시작합니다. 기도가 잘 안 된다기보다 기도가 달라진다고 하는 것이 맞습니다. 전에는 자신의 급한 문제, 어려운 문제, 내가 원하는 것을 하나님께 구하며 기도했습니다. 한마디로 내 뜻대로 되게 해달라는 기도였습니다. 그런데 이제는 하나님의 뜻대로 되게 해달라는 기도로 바뀌는 것입니다. 주님이 하시려는 일이 나의 기도를 통하여 이루어지는 것입니다."

내 마음대로 하는 기도

사실 우리의 모든 기도 제목은 주님이 주시기를 더 원하시는 것들입니다. 부모는 자녀에게 필요한 것이라면 구하지 않아도 주고 싶어 합니다. 따라서 우리가 하나님 앞에 기도하지 못할 것은 어떤 것도 없습니다. 가정 문제, 직장 문제, 진학 문제, 경제적 어려움을 해결해달라고 기도해도 됩니다. 그런 기도를 하지 말라는 말이 아닙니다.

하나님께서는 우리에게 좋은 것을 주시기 원하십니다. 우리가 어떤 것을 기도해도 죄를 짓는 것이 아닙니다. 그럼에도 불구하고 우리는 하나님이 원하시는 것, 하나님이 기뻐하시는 것이 있음을 분명히 알아야 합니다. 그래서 내 육신의 욕구를 만족시키고, 내 눈에 좋아 보이는 것만 구하는 기도에서 벗어나야 합니다.

"내 뜻대로 되게 해달라"는 기도에서 "하나님 뜻대로 되게 해달라"는 기도로 바뀌는 것은 엄청나고 놀라운 일입니다. 이것이야말로 나는 죽고 예수로 살게 된 것입니다. 전에는 나 혼자 살았는데 이제는 주님과 동행하게 된 것입니다. "제가 가는 길을 주님이 따라와주세요"라고 하다가 이제는 주님이 앞장서시는 그 길을 따라갑니다. 삶이 뚜렷하게 달라진 것입니다.

십자가 복음을 제대로 몰랐을 때, 그때는 기도도 마음대로 했습니다. 그러나 예수님이 진짜 나와 함께 계신 것을 믿게 되었다면 그다음에는 기도도 달라져야 합니다. 자기 마음대로 하는 기도가 처음에는 쉽습니다. 생각나는 대로, 필요한 대로, 자신이 원하는 것을 구하는 기도이기 때문입니다. 그러나 점점 기도에 힘이 빠집니다. 응답이 되지 않기 때문에 그렇습니다.

우리가 기도한다고 해서 하나님께서 우리가 원하는 대로 다 주신다면 그것도 큰일입니다. 하나님께서는 주실 것을 주시지, 내가 구했다고 다 주시는 것이 아닙니다. 우리도 아이들이 달라고 할 때 다 주지 않습니다. 서너 살 된 어린아이가 칼을 달라고 하면 주겠습니까? 위험해서 절대 안 줍니다. 이제 막 중학교에 들어간 자녀가 결혼하겠다고 하면 허락하겠습니까? 다 때가 있는 것이지 원한다고 해서 다 들어줄 수는 없습니다. 그렇다보니 자기 마음대로 하는 기도는 반드시 좌절을 겪게 되고, 기도해도 안 된다는 탄식이 절로 터져 나옵니다. 나중에는 기도 자체를 하지 않게 됩니다.

하나님의 인도하심을 구하라

말씀이 이루어지는 기도

하나님의 뜻대로 기도하려고 하면 처음에는 힘이 듭니다. 하나님의 뜻도 알아야 하고, 예전처럼 기도할 수도 없기 때문입니다. 그러나 계속 하나님의 뜻대로 기도하기를 힘쓰면 점점 익숙해지고 재미도 느끼게 되고 기도가 쉬워집니다. 하나님의 뜻이 무엇인지 깨달아지면 그것을 이루어달라고 구하면 되기 때문입니다. '말씀기도'가 하나님의 뜻대로 하는 전형적인 기도입니다. 성경 말씀이기 때문에 확신을 가지고 기도할 수 있습니다.

기도가 힘든 것은 하나님의 뜻이 무엇인지 알기 어렵기 때문입니다. 직장을 구하거나 결혼을 위해 기도할 때 이것이 정말 잘한 선택인지 확신이 없을 때가 있습니다. 합격하게 해달라고 기도했지만 합격하면 정말 좋을지, 일이 성사되게 해달라고 기도했지만 성사되는 것이 정말 좋을지 자신이 없을 때가 있습니다. 이럴 때 기도가 힘든 것입니다. 하나님의 뜻이 분명하다면 기도는 쉽습니다. 따라서 기도할 때 하나님의 뜻대로 기도하는 훈련을 받아야 합니다.

어떤 기도를 해야 할지 모르겠다고 하는 분들이 많은데, 성경 말씀을 읽으면서 주님이 마음을 주시는 대로 "주님, 이 말씀이 저에게 이루어지기를 원합니다. 우리 가정에 이 말씀이 이루어지기를 원합니다"라고 기도하면 됩니다. 이런 기도는 어렵지 않습니다. 주기도문으로 기도하고, 사도신경으로 기도하고, 십계명으로 기도하면 됩니다. 이처럼 명확히 드러난 하나님의 뜻이 우리의 삶에 이루어지기를 기도하면 주님이 우리의 기도를 친히 이끌어가시는 것을 깨닫게 됩니다. 기도 응답도 명확하게 알게 됩니다. 그래서 기도의 기쁨을 경험하게 됩니다.

무슨 기도를 해야 할지 모르겠다면 그냥 잠잠히 주님을 바라보기만 해도 됩니다. 여러분 안에 계신 성령께서 기도의 제목을 주실 것입니다. 그래도 잘 모르겠으면 성경을 읽으십시오. 성경을 읽다보면 주님이 기도 제목을 명확히 알게 하십니다.

영적 싸움에서 승리하는 기도

하나님의 뜻대로 기도하라는 말이 이해가 안 된다는 분도 있습니다. "하나님의 뜻이면 우리가 더 기도할 필요가 있나요?", "하나님의 뜻이면 기도하지 않아도 이루어질 것 아닙니까?" 이것은 성경을 정확히 알지 못해서 나온 질문입니다. 하나님의 뜻이어도 기도해야 할 이유가 있습니다. 그것은 하나님의 뜻이 이루어지지 못하도록 마귀가 역사하기 때문입니다.

따라서 우리가 드리는 기도는 영적 싸움입니다. 하나님의 뜻대로 기도하라는 것은 영적 싸움이 있기 때문입니다. 우리가 기도하지 않는데 하나님의 뜻이 저절로 이루어지지는 않습니다. 기도하지 않으면 마귀가 원하는 역사가 나타납니다. 기도를 안 하면 표시가 납니다. 교회에서 어떤 행사를 진행하려고 할 때 반드시 중보기도 팀이 필요합니다. 하나님의 뜻이 이루어지려면 성도의 영적 기도도 같이 가야 합니다. 기도가 많이 쌓인 다음 한 일과 그렇지 않은 일은 다릅니다. 기도하면서 전도한 것과 그저 열심히 전도만 한 것은 차이가 납니다.

하나님께서는 모세와 여호수아가 기도로 동역하는 것을 아말렉 전투의 승리로 보여주셨습니다. 모세는 산에 올라가 손을 들어 기도하고, 여호수아는 군대를 이끌고 나가 아말렉과 싸웠습니다. 산 위에서 전투 현장을 내려다보니 기도의 손이 올라가면 여호수아가 이기고, 기도의 손이 내려오면 아말렉이 이기는 것을 선명하게 보여주셨습니다. 하나님께서 이스라엘 백성에게 기도를 가르쳐주신 것입니다.

만약에 우리도 영적인 눈이 열려 볼 수만 있다면 기도하라 말라 할 것도 없을 것입니다. 기도하면 하나님의 역사가 이루어지고, 기도하지 않으면 마귀가 원하는 대로 되는 것이 확연히 보인다면 기도하지 않을 사람이 있을까요? 아말렉 전투와 여호와 닛시(출 17:15)의 사건은 하나님께서 이스라엘 백성에게 기도를 가르치시기 위하여 행하신 일종의 퍼포먼스입니다.

하나님을 믿지 않는 사람은 기도하지 않습니다. 그러나 하나님을 믿는 사람이 기도를 하고 안 하고는 하나님의 역사에 결정적인 영향을 미칩니다. 그래서 기도하지 않는 것이 죄가 되는 것입니다.

> 나는 너희를 위하여 기도하기를 쉬는 죄를 여호와 앞에 결단코 범하지 아니하고… 삼상 12:23

기도했으면 하나님의 뜻대로 되어 이루어졌을 텐데, 기도하지 않았기 때문에 결국 마귀가 원하는 대로 온갖 시험이 일어나는 것입니다. 가족을 위하여 기도하지 않은 죄, 교우들 사이에 기도하지 않은 죄가 있습니다. 꼭 기도해주어야 하는 사람이 있는데, 그를 위하여 기도하지 않았다면 죄를 지은 것입니다. 교회와 나라를 위해서 기도하지 않은 죄가 있습니다. 우리 민족을 위해서, 하나님의 나라를 위해서도 그렇습니다. 목회자를 위해서 기도하지 않은 죄도 있습니다. 저 역시 기도해주는 교인들 덕분에 지금까지 사명을 감당하고 있다고 생각합니다.

하나님의 인도하심을 구하라

하나님의 뜻을 알고 기도하는가?

하나님의 뜻대로 기도하라고 하시는 데는 또 하나의 이유가 있습니다. 하나님의 뜻이 무엇인지 우리에게 명확히 알게 하시기 위함입니다. 예수님은 겟세마네 기도를 통해 "이 잔을 내게서 지나가게 해달라"고 하셨지만, 자신이 이 잔을 마시지 않고는 온 인류를 죄에서 구원할 수 없다면 아버지의 뜻대로 되기를 원한다고 기도하셨습니다. 이때 예수님은 하나님의 뜻이 무엇인지 명확하게 알고 계셨음을 알 수 있습니다. 기도를 통하여 하나님의 뜻이 명확해진 것입니다. 우리도 하나님의 뜻을 구하는 기도를 계속하면 하나님의 뜻을 점점 더 명확하게 깨닫게 됩니다.

온누리교회 이재훈 목사님이 기도에 대한 재미있는 예화를 하신 적이 있었습니다. 초등학교 3학년 때 주일학교에서 설교를 듣는데 "하나님께 기도할 때 중언부언하지 말라. 너희가 구하기도 전에 하나님께서 이미 너희에게 있어야 할 것을 다 아신다"라는 말씀이 너무나 마음에 와 닿았다고 합니다. '그래, 하나님이 다 알고 계시는구나!' 그 말씀에 마음이 편해지면서 그때부터 기도하지 않게 되었다는 것입니다. 기도해야 할 때는 늘 "다 아시지요?" 이 한마디가 끝이었다는 것입니다.

그런데 대학생이 된 어느 날 "다 아시지요?" 하고 기도하는

데 하나님께서 이렇게 되물으셨다고 합니다. "나는 다 알고 있다. 그런데 너는 아니?" 그 말씀에 충격을 받고 기도에 대한 자세를 고쳤다고 했습니다. 분명히 하나님은 우리의 문제를 다 알고 계십니다. 그러나 우리는 우리의 문제가 무엇인지 모릅니다. 우리는 하나님이 무엇을 주실지, 어떤 일을 하실지 모릅니다. 그래서 기도해야 하는 것입니다. 우리가 하나님께 구하는 것은 하나님이 모르시기 때문이 아니라 우리가 모르기 때문입니다.

하나님께서 하나님의 뜻을 다 이루실 텐데, 우리에게 하나님의 뜻대로 되게 해달라고 기도하게 하시는 이유가 무엇일까요? 우리 자신이 하나님의 뜻이 무엇인지 아는 것이 중요하기 때문입니다. 하나님의 뜻이 이루어지기를 기도하되 하나님의 뜻을 정확히 깨닫고 기도해야 합니다.

하나님의 뜻이 마음의 소원이 된 사람의 기도

매일 밤 10시 전 교인이 문자로 보내드리는 세 가지 합심기도의 제목으로 기도합니다. 매일 합심기도문을 준비하면서 저에게 일어난 변화는 하나님의 뜻에 대해 구체적으로 알게 되었다는 것입니다. 저는 그 전에도 이 땅에 하나님의 나라가 이루어지고, 우리 민족이 복음으로 통일되기를 기도했습니다. 우리나라가 하나님을 경외하는 나라가 되게 해달라고, 한국 교회가 다시 성령으로 부흥되게 해달라고 기도했습니다. 그런데 합심기도 제목을 교우들과 공유하기 위해 기도 제목을 만들다보니 그동안 제가 원론적인 기도를 반복해왔음을 깨달았습니다.

그래서 좀 더 구체적인 기도 제목을 위하여 기도하였는데 하나님께서 기도 제목을 하나하나 생각나게 해주셨고, 저는 그것을 교우들과 나눌 수 있었습니다. 그러면서 어느 때는 '하나님이 무슨 일을 이루려고 하시는구나!' 하고 깨달아지기도 했습니다. 그런 때는 하나님의 뜻을 아는 데서 더 나아가 그것이 제 마음의 소원이 되었습니다. 하나님의 뜻대로 계속 기도한 사람과 그렇지 않은 사람의 차이는 마음의 소원이 다르다는 것입니다.

우리 민족이 복음으로 통일되는 것이 하나님의 뜻인지 모르는 그리스도인이 누가 있겠습니까? 우리가 원하는 민족의 통일은 복음으로 통일되는 것이지 어떤 통일이든 다 좋다는 것이 아닙니다. 그런 점에서 앞으로 통일 문제로 큰 영적 싸움이 일어날 것입니다. 많은 성도가 복음으로 통일되어야 한다고 생각합니다. 그러나 그것이 마음의 소원까지는 아닙니다. 계속 기도하지 않기 때문입니다. 계속해서 그 기도를 해온 사람에게만 복음 통일이 마음에 소원이 됩니다.

> 너희 안에서 행하시는 이는 하나님이시니 자기의 기쁘신 뜻을 위하여
> 너희에게 소원을 두고 행하게 하시나니 빌 2:13

하나님의 뜻이 이루어지려면 그분의 뜻대로 하는 기도가 반드시 함께 가야 합니다. 여러분의 가정에 하나님의 역사가 일어나려면, 하나님이 하시려는 일이 여러분의 소원이 되어야 합니다. 그것은 계속 기도할 때 이루어집니다. 기도하지 않는 사람은 그 기도 제목이 그 사람의 소원은 아니라는 부인할 수 없는 증거입니다. 그렇게 되었으면 좋겠다고 기대하는 정도입니다. 하지만 계속해서 기도하면 강력한 소원이 되고, 강력한 소원이 되면 계속 기도하게 됩니다. 그리고 하나님께서 그 일을 이루십니다.

기도가 달라지면 역사가 달라진다

우리가 다 같은 하나님을 믿고 하나님의 뜻대로 되기를 원하는 것 같아도, 개인이나 교회의 기도가 다 같지는 않습니다.

하나님의 인도하심을 구하라

저도 깜짝 놀랐습니다. 제가 오래전에 부평감리교회를 방문한 적이 있습니다. 그 교회의 주보 뒷면에 기도 제목이 열 개 정도 나열되어 있었는데, 첫 번째 기도 제목을 보고 놀랐습니다. "우리 교회가 순교자를 배출하는 교회가 되게 해주소서." 저는 이런 기도 제목을 내놓는 교회를 처음 보았습니다. 저는 이 교회가 진정 말씀대로 기도하는 교회임을 느꼈습니다. 성령의 역사가 강력하게 임하는 교회가 아니라면 이런 기도를 첫 번째로 내세울 수가 없습니다. 기도가 다른 것입니다.

저는 처음에 기도가 다르다는 것이 기도의 열정이 다르거나 오래 기도하거나 기도 응답이 다른 것으로 알았습니다. 그런데 진짜 중요한 차이는 기도의 내용이었습니다. 큰 소리로 기도하거나 오래 기도하는 것으로 따지면 기독교보다 더한 종교가 많습니다. 기도의 형식으로는 무슬림보다 더하기 어려워 보입니다. 불교도 역시 엄청나게 기도합니다. 그러나 진정한 기도의 역사는 '어떤 기도를 하느냐'에 달려 있습니다. 성령께서 역사하신 사람만이 할 수 있는 기도가 있습니다. "나의 원대로 마시고 아버지의 원대로 하옵소서"라는 기도는 성령의 역사가 아니면 불가능합니다. 하나님의 말씀에 눈이 열리지 않으면 할 수 없는 기도입니다.

마르틴 루터가 자신은 바쁠 때 더 기도했고 하루 세 시간 기도하기도 했다고 편지에 쓴 적이 있습니다. 그런데 그가 한 기도는 흔히 우리가 생각하는 것처럼 하나님 앞에 계속 말하는 기도가 아니라 성경을 연구하는 시간을 포함한 것입니다. 그런데 이것이 우리에게 시사하는 바가 있습니다. 마르틴 루터가 종교개혁을 일으킨 힘은 단순히 오래 기도한 것이 아니라 그가 말씀을 붙들고 기도했다는 데 있습니다. 기도의 차이는 기도 내용의 차이, 곧 말씀의 차이라는 것입니다.

성령이 이끄시는 기도

> 너희가 내 안에 거하고 내 말이 너희 안에 거하면 무엇이든지 원하는 대로 구하라 그리하면 이루리라 요 15:7

먼저 우리 안에 주님의 말씀이 거해야 바른 기도가 됩니다. 기도를 아무렇게나 하면 안 됩니다. 성령의 인도하심을 받아야 합니다. 우리 안에 오신 성령께서는 기도의 영이십니다.

> 이와 같이 성령도 우리의 연약함을 도우시나니 우리는 마땅히 기도할 바를 알지 못하나 오직 성령이 말할 수 없는 탄식으로 우리를 위하여 친

우리만 기도하는 것이 아닙니다. 우리 안에 계신 성령께서 친히 기도하십니다. 성령의 기도가 내 기도가 될 때 비로소 기도의 역사가 일어납니다. 성령의 기도와 내 기도가 따로 가면 기도가 겉돌게 됩니다. 기도해도 역사가 없는 것 같고 지루하고 힘이 듭니다. 하나님께 기도할 때 말씀이 기도 제목이 되고, 하나님의 뜻이 되고, 우리 안에 계신 성령의 감동으로 하는 기도가 인생을 바꿉니다.

모든 기도와 간구를 하되 항상 성령 안에서 기도하고 이를 위하여 깨어 구하기를 항상 힘쓰며 여러 성도를 위하여 구하라 엡 6:18

성령 안에서 기도하라는 말은 자기 생각대로 기도하지 말라는 것입니다. 기도는 우리 안에 계신 성령의 역사로 하는 것입니다. 그럴 때 기도도 주님이 하셨다는 고백이 나오게 됩니다. 자기가 기도했으면서도 자기가 한 기도가 아님을 느끼는 것입니다. 저도 매일 합심기도와 말씀기도를 하면서 '내가 어떻게 이런 기도를 하지?' 싶어 저 자신의 기도에 놀랄 때가 있습니다. 성령께서 저를 통해 기도하시는 것입니다. 우리는 기도를 이끄시는 주님의 인도하심을 정확히 따라야 합니다.

하나님의 뜻대로 하는 기도의 역사

사도 바울이 로마 감옥에 있을 때 에베소교회 교인들에게 자신을 위해 기도해달라고 부탁합니다. 그러나 혹시 에베소 교인들이 "하나님, 사도 바울이 빨리 감옥에서 풀려나게 해주세요" 이렇게 기도할까 봐 걱정했습니다.

> 또 나를 위하여 구할 것은 내게 말씀을 주사 나로 입을 열어 복음의 비
> 밀을 담대히 알리게 하옵소서 할 것이니 이 일을 위하여 내가 쇠사슬에
> 매인 사신이 된 것은 나로 이 일에 당연히 할 말을 담대히 하게 하려 하
> 심이라 엡 6:19,20

사도 바울은 감옥에서도 담대히 복음을 전하게 해달라고 기도해주기를 부탁합니다. 사도 바울이 감옥에 갇힌 것만 안타까워하지 말고 하나님께서 왜 사도 바울을 감옥에 갇히도록 했을까 생각해보라는 것입니다. 예수님이 제자들에게 십자가 지실 것을 말씀하셨을 때 베드로가 한사코 그런 일은 없을 거라며 주님의 앞길을 막았습니다. 그때 예수님께서 베드로를

얼마나 책망하셨는지 모릅니다.

> 사탄아 내 뒤로 물러가라 너는 나를 넘어지게 하는 자로다 네가 하나님
> 의 일을 생각하지 아니하고 도리어 사람의 일을 생각하는도다 마 16:23

여러분, 베드로의 문제가 무엇입니까? 십자가에 온 인류의 구원 문제가 달려 있는데 베드로는 그것을 알지 못하고 사람의 생각만 하여 십자가를 가로막았습니다. 물론 예수님과 동고동락한 제자라면 그렇게 생각할 만합니다. 하지만 그것은 사람의 뜻입니다. 하나님의 뜻은 온 인류의 죄를 대속하기 위하여 예수님이 십자가를 지시고 제자들 역시 그 길을 따라가는 것입니다.

어떤 문제가 생겼을 때 내 생각과 하나님의 뜻이 다를 수 있습니다. 사도행전 4장에서 제자들이 예수님의 부활을 전하다가 붙잡혀서 매를 맞고 옥에 갇혔다가 "다시는 예수님의 이름으로 전하지 말라"는 경고를 받고 풀려났습니다. 그런데 풀려난 제자들과 동료들은 다시 이렇게 기도했습니다.

> 주여 이제 그들의 위협함을 굽어보시옵고 또 종들로 하여금 담대히 하
> 나님의 말씀을 전하게 하여주시오며 손을 내밀어 병을 낫게 하시옵고

표적과 기사가 거룩한 종 예수의 이름으로 이루어지게 하옵소서

행 4:29,30

이 기도를 마치자 모인 곳이 진동하였고 무리가 다 성령이 충만하여 담대히 하나님의 말씀을 전하게(행 4:31) 되었다고 했습니다. 우리의 기도가 여전히 하나님을 답답하게 할 수도 있고, 기쁘시게 할 수도 있습니다. 하지만 우리 안에서 하나님의 뜻대로 하는 기도가 나오면 땅이 진동하는 하나님의 역사가 일어납니다.

기도가 인생을 바꾼다

미국의 다이빙 선수였던 조니 에릭슨 타다(Joni Eareckson Tada)는 열일곱 살에 다이빙 사고로 목이 부러져 전신마비가 되었습니다. 그 이후의 삶은 살아도 사는 것이 아니었고, 심한 좌절과 분노에 휩싸여 자살을 생각했습니다. 그런데 스스로 죽을 방법도 없었습니다. 하나님께 울부짖으며 마지막으로 드린 기도가 "하나님, 제가 죽을 수 없다면 '제발' 사는 법을 가르쳐주세요"였다고 합니다.

하나님께서 이 기도를 얼마나 기다리셨는지 모릅니다. 그

하나님의 인도하심을 구하라

때부터 그녀의 삶이 달라졌습니다. 여전히 몸을 움직일 수 없었지만, 그녀는 대중 연설가와 저술가, 구족화가가 됩니다. 그리고 '조니와 친구들'(Joni and Friends)이라는 단체를 만들어 수많은 장애인에게 희망을 전하는 사람이 됩니다. 죽기만 바랄 때는 비참한 삶을 살았는데 기도가 달라지니까 삶이 달라진 것입니다.

우리도 기도가 바뀌어야 합니다. 하나님의 뜻을 구합시다. 하나님의 뜻대로 기도해야 합니다. 온전한 기도를 해봅시다. 여러분의 마음과 생각을 주님께 두십시오. "주님, 제가 말씀을 붙잡고 기도하고, 하나님의 뜻대로 기도하고, 된다 안 된다고 하지 않겠습니다. 주님은 되니까 하라고 말씀하셨습니다. 역사해주소서." 각자의 문제와 형편은 달라도 우리의 살길은 하나님께 있습니다. 기도가 바뀌면 삶이 바뀌고 운명이 바뀌고 역사가 바뀝니다. 하나님의 뜻대로 하는 기도를 통하여 여러분의 인생 전체가 바뀌기를 축복합니다.

1 우리의 기도가 바뀌기를 원합니다. 모든 것을 아시고 이루시는 성령
   께서 이끄시는 대로 기도하게 하소서.

2 하나님께서 이루시려는 뜻이 무엇인지 우리 마음에 알게 하시고 그
   것이 우리의 소원이 되게 하소서.

3 우리의 기도로 가정과 교회, 일터에서 하나님의 역사가 이루어지게
   하소서.

하나님의
뜻이 무엇인지
분별하라

1 그러므로 형제들아 내가 하나님의 모든 자비하심으로 너희를 권하노니 너희 몸을 하나님이 기뻐하시는 거룩한 산 제물로 드리라 이는 너희가 드릴 영적 예배니라 2 너희는 이 세대를 본받지 말고 오직 마음을 새롭게 함으로 변화를 받아 하나님의 선하시고 기뻐하시고 온전하신 뜻이 무엇인지 분별하도록 하라

로마서 12:1,2

하나님의 뜻을 찾아서

세상이 너무나 빨리 변화되고 있습니다. 그러다보면 자신도 모르게 세상의 흐름에 휩쓸려 살아가게 되는데 우리는 그것을 조심해야 합니다. 너무 재미있는 일이 있거나 너무 어려운 일이 생겨도 그렇고, 올림픽이나 월드컵과 같은 화제성 이슈가 생길 때도 그렇습니다. 가야 할 길을 가는 것이 아니라 휩쓸려 가는 삶은 반드시 그 끝이 좋지 않습니다. 그런 점에서 인기를 얻고 성공할 때도 영적으로 위험한 때입니다. 사업이 너무 잘될 때 역시 위험한 때입니다. 자연재해나 전염병, 경제위기 등으로 어려울 때도 '힘들다', '죽겠다' 하면서 살아서는 안 됩니다.

우리는 언제나 정신을 똑바로 차려 하나님의 뜻을 찾아 분별하고 그 뜻대로 살아가야 합니다. 마치 유속(流速)이 빠른 물속을 한 발 한 발 조심스럽게 내딛듯이 말입니다. 순간 중심을 잃으면 급류에 휩쓸려 떠내려갈지도 모릅니다. 거센 바람이 불어도 가야 할 방향으로 한 걸음씩 걸어가는 심정으로 살아야 합니다. 그것이 하나님의 뜻을 분별하며 사는 길입니다.

하나님의 선하시고 기뻐하시고 온전하신 뜻이 무엇인지 분별하도록 하라 롬 12:2

하나님의 선하시고 기뻐하시고 온전하신 뜻은 우리의 생각과 상식과 의지와 느낌과는 너무 다릅니다. 우리가 쉽게 하나님의 뜻을 분별할 수 있다면 사도 바울도 이렇게 말하지 않았을 것입니다. 여러분의 삶을 돌아보면 자신의 생각과 하나님이 원하시는 뜻이 달랐던 때가 많았음을 깨달을 것입니다. 나는 괜찮다고 생각했는데 지나고 보니 그때가 위기였고, 힘들고 어려웠는데 지나고 나니 그때가 은혜의 때였음이 깨달아지는 것입니다.

갈 곳 없는 은혜

강해 설교자로 유명한 존 맥아더(John MacArthur) 목사님이 목회 초기에 겪은 일입니다. 목회 8년이 되던 해에 사랑으로

하나님의 인도하심을 구하라

양육한 다섯 명의 제자들이 교회 중직자들과 함께 찾아와 목사님에게 사임을 요구했습니다. 이들의 시도는 실패하였지만 목사님은 큰 충격과 배신감에 사로잡혀 더 이상 목회할 힘이 없고 그 교회에 머무르고 싶지 않았습니다. 그런데 문제는 갈 곳이 없었다는 것입니다. 목사님은 하는 수 없이 그 교회에 계속 머물게 되었는데, 1년 후에 250명의 성도가 교회를 떠나갔습니다. 목사님의 설교가 길고 지루하다며 온갖 비난과 공격을 하였습니다. 하지만 목사님은 이때에도 역시 갈 곳이 없어 그 교회에 있을 수밖에 없었습니다.

그 후 교회에 놀라운 영적 부흥이 일어났고 맥아더 목사님은 전 세계에 영향력을 미치는 목회자가 되었습니다. 그 후 존 맥아더 목사님이 자신의 목회를 돌아보며 자신이 하나님 앞에 귀하게 쓰임 받게 된 이유에 대해 이렇게 말했습니다.

"갈 곳 없는 은혜가 나를 붙들었습니다."

그렇습니다. 갈 데가 없는 것도 은혜입니다. 하나님의 은혜는 그 순간 우리의 생각으로는 분별하기가 어렵습니다. 여러분, 혹시 '지금이 내게 최악의 순간이야', '내가 제일 불쌍해'라는 생각이 듭니까? 하나님의 선하시고 기뻐하시고 온전하신 뜻이 무엇인지를 분별해야 합니다. 상황에 따라 반응하거나 속단해서는 안 됩니다. 언제나 철저히 하나님을 의지하는 자세로 살아야 합니다. 하나님께 모든 것을 맡기고 그 말씀대로 살겠다는 결단이 서지 않은 사람은 하나님의 뜻이 계속 헷갈립니다. 좋으신 하나님이 왜 나에게는 어려움만 주시는지, 기도하면 응답하신다는데 왜 응답을 안 해주시는지 갈등만 하다가 시간을 다 보내게 됩니다.

하나님이냐? 세상이냐?

> 그러므로 형제들아 내가 하나님의 모든 자비하심으로 너희를 권하노니
> 너희 몸을 하나님이 기뻐하시는 거룩한 산 제물로 드리라 롬 12:1

"너희 몸을 산 제물로" 하나님께 바치라니, 조금은 살벌하게 느껴집니다. 솔직히 저도 이 구절을 설교하기가 너무 부담스러웠습니다. 그런데 이 말씀을 붙들고 기도하면서 제가 말씀을 제대로 깨닫지 못해서 그렇다는 것을 알았습니다. 이 말씀은 우리가 하나님께 자신을 바쳐야 하느냐 아니냐의 문제가 아닙니다. 어디에 우리 자신을 바칠 것이냐, 하나님께냐 세상에게냐의 문제입니다.

그러면 어디에 바쳐야 합니까? 당연히 하나님께 바쳐야 합

니다. 얼마나 쉬운 말씀입니까? 맞습니다. 우리 몸을 세상에 바쳐서야 되겠습니까? 우리 몸을 하나님께 산 제물로 바치는 것은 부담이 되는 말씀이 아니라 지극히 당연한 말씀입니다. 우리는 누구나 우리의 몸을 어딘가에 바치게 되어 있습니다. 그런데 세상에 바치지 말고 하나님께 바치라는 것입니다. 이 믿음과 결단이 분명하면 하나님의 뜻이 깨달아집니다.

수원 원천침례교회 김요셉 목사는 김장환 목사님과 미국인 어머니 트루디 여사 사이에서 태어나 겉으로 보기에 서양인처럼 생겼습니다. 그래서 학교의 아이들이 김요셉 목사님을 만나면 어느 나라 사람인지 묻는다고 합니다. 미국 사람, 영국 사람도 다 아니라고 하면 아이들이 마지막에 한국 사람이냐고 묻는데 한국 사람도 아니라고 대답한다고 합니다.

"응. 나는 하나님나라 사람이야."

이런 의식이 여러분에게 있습니까? 우리는 다 하나님나라 사람입니다. "너희 몸을 하나님이 기뻐하시는 거룩한 산 제물로 드리라"는 말씀은 자신이 하나님의 나라 사람이라는 의식이 분명한 사람만이 할 수 있는 고백입니다. 우리가 하나님의 나라 백성이라는 사실을 분명히 알면, 이 세상에 살지만 이 세상 사람들이 사는 것처럼 살아서는 안 됩니다. 하나님의 나라 백성답게 살아야 합니다.

자신을 바칠 수 있는 복

우리의 몸을 거룩한 산 제물로 하나님께 드리는 것이야말로 우리가 이 세상에 휩쓸리지 않을 수 있는 유일한 길입니다. 그래서 사도 바울이 "너희 몸을 하나님이 기뻐하시는 거룩한 산 제물로 드리라"는 이 말씀을 하나님의 자비하심으로 권면한다고 한 것입니다.

> 그러므로 형제들아 내가 하나님의 모든 자비하심으로 너희를 권하노니… 롬 12:1

다시 말해 너희 몸을 하나님께 바치라는 것이 하나님의 자비로운 권면이요 축복의 말이라는 것입니다. 이해가 안 됩니까? 그러나 조금만 생각해보면 이상한 것이 없습니다. 예를 들어 결혼은 배우자에게 자신을 완전히 바치는 행위입니다. 결혼한 남자는 아내에게 자신을 바친 것이고, 결혼한 여자도 남편에게 자신을 바친 것입니다. 그에게는 자신의 아내와 남편 외에 다른 여자나 다른 남자가 없습니다. 다른 이성이 자신을 바치겠다고 해도 절대 받아들일 수 없습니다. 오직 배우자에게만 그렇게 할 수 있는 것입니다. 이것이 결혼이요, 결혼의 축복이자 기쁨입니다.

하나님의 인도하심을 구하라

하나님께 내 몸을 산 제물로 드리는 것도 마찬가지입니다. 만약 여러분의 몸을 하나님께 산 제물로 바치라는 이것이 자비로운 권면으로 들리지 않고, 두렵고 부담스럽게 들린다면 그것은 그가 하나님을 믿기는 믿어도 하나님을 사랑하지는 않는다는 증거입니다. 그는 그리스도의 신부가 아닙니다. 하나님이 나의 신랑이시고, 내 생명의 주인이시고, 내 아버지이시고, 하나님과 사이에 뜨거운 사랑의 교제가 있다면, 내 몸을 하나님께 산 제물로 바치는 데 기쁨을 느낍니다. 안전합니다.

그런데 하나님께 몸을 산 제물로 바치라고 할 때 '그렇게까지 해야 해?'라는 생각이 든다면 주님과의 관계에 문제가 있는 것입니다. 이것은 오직 하나님의 자녀 된 권세가 있는 사람에게만 가능한 일입니다. 하나님이 은혜를 준 사람, 진짜 복을 받은 사람만 할 수 있습니다.

나는 죽고 예수로 사는 사람을 쓰신다

'산 제물'은 "살아 있는 제물"이라는 뜻입니다. 제물은 죽어야 제물인데 제물이면서 여전히 살아 있다는 것입니다. 이것은 곧 "살아 있는 죽음"이라는 의미입니다. '산 제물'이 바로 "나는 죽고 예수로 사는 사람"의 정확한 표현입니다. 예수 믿는 사람은 살아 있으나 죽은 자요, 제물로 죽었으나 여전히 살아 있는 자입니다. 주님과 연합한 자로 십자가에서 예수님과 함께 죽었고, 이제는 부활하신 예수님으로 사는 존재가 된 것입니다.

전적으로 주님의 것입니다. 더 이상 자신을 위하여 살지 않고 예수님을 위하여 사는 자입니다. 살아 있기는 하지만 예수님이 나를 통해 사시는 것입니다. 주님이 하고 싶은 말을 내 입을 통해서 하시고, 주님이 하고 싶은 일을 내 손을 통해서 하십니다. 내가 가진 소유를 주님이 기뻐하시는 대로 쓰는 것입니다. 이렇게 사는 것이 바로 산 제물로 바쳐진 사람의 삶입니다.

그러면 어떻게 됩니까? 세상이 그를 건드리지 못합니다. 하나님께 자신을 완전히 바쳤기 때문에 세상이 그를 어떻게 할 수가 없습니다. 마귀가 그를 사로잡지 못하는 것입니다. 그가 완전히 하나님의 것이 되었기 때문입니다.

하나님께서 우리를 통해 역사하시려면 "제가 가정에서 하나님의 은혜의 통로가 되고 싶어요", "제가 일터에서 하나님의 통로가 되고 싶어요", "하나님, 저를 사용해주세요"라고 기도하면 됩니다. 아주 간단합니다. 하나님은 자신을 '하나님의 것'이라고 여기는 사람만을 쓰십니다. 우리에게 재능이 있거나

하나님의 인도하심을 구하라

재주가 있다고 쓰시는 것이 아닙니다. 나는 죽고 예수로 사는 사람, 자신의 몸을 하나님께 바친 사람을 쓰십니다.

나는 죽었습니다

제가 목회할 때 열심이던 몇몇 집사 가정이 제 목회 방침에 반대하면서 다른 교회로 가는 일이 있었습니다. 저는 마음이 무척 아팠고 목회의 좌절감도 느꼈습니다. 그 문제로 남모르게 속앓이를 하던 어느 날, 암으로 입원한 교우를 심방하러 갔다가 크게 회개하게 되었습니다. 암 환자인 그 분을 위하여 기도하는 가운데 제 마음속에서 주님의 책망이 들려왔습니다. 교인들 중에 이렇게 힘들어하고 아파서 쓰러져 있는 분들이 많은데, 저는 제가 싫다고 나간 몇몇 교인들 때문에 자존심이 상했다고 고민하는 것 같아 너무 죄송했습니다. 예수님과 함께 자아가 죽지 않으면 제대로 목회할 수 없음을 깨닫고 정신이 번쩍 들었습니다.

내가 그리스도와 함께 십자가에 못 박혔나니 그런즉 이제는 내가 사는 것이 아니요 오직 내 안에 그리스도께서 사시는 것이라… 갈 2:20

사도 바울이 이렇게 고백한 이유는 그것이 그에게 가장 안전하며, 하나님께서 그를 사용하시는 비밀이었기 때문입니다. 사도만 그렇습니까? 부부 사이에도, 부모와 자녀 사이에도 똑같습니다. 내 몸을 하나님께 드리면 하나님이 나를 쓰십니다. 나를 통해서 주님이 역사하십니다. 내 자존심, 내 생각, 내 의지, 내가 원하는 것은 이제 없고, 주님이 원하시는 것이 내가 원하는 것이고, 주님이 하고 싶은 일이 내가 하고 싶은 일이 됩니다. 그때 하나님이 그 사람을 통해서 역사하실 수 있습니다.

사도 바울 자신이 그렇게 살았고 그렇게 살아보니 그것이 야말로 인생의 모든 문제에 대한 해답이요, 구원이요, 축복임을 깨닫고 그렇게 살도록 권하는 것입니다. 자신의 몸을 하나님께 산 제물로 드려보라는 것입니다. 그러면 아무리 힘들고 혼란스러운 세상에서 온갖 유혹이 많아도 하나님의 뜻을 알 수 있습니다. 하나님의 선하시고 기뻐하시고 온전하신 뜻이 무엇인지 정확히 알 수 있습니다.

주님이 하시기 때문에 쉽다!

너희는 이 세대를 본받지 말고… 롬 12:2

이것이 하나님의 뜻을 분별하는 시작입니다. 그리스도인은 세상 사람들과 다르게 사는 사람입니다. 예수 믿는 사람과 예수 안 믿는 사람은 완전히 다른 사람입니다. 하나님께 바쳐지지 않은 사람은 이 시대의 풍조를 따라 세상에 바쳐진 삶을 삽니다. 이 시대의 풍조가 무엇입니까? 마태복음 12장 39절에서 주님은 한마디로 "악하고 음란하다"라고 하셨습니다. 이 세상은 기본적으로 악하고 음란합니다.

마귀는 우리가 악하고 음란한 이 세상 풍조를 본받고 따르게 하려고, 보이지는 않지만 엄청난 힘으로 역사하고 있습니다. 그래서 사람들이 거기에 휩쓸려 사는 것입니다. 그러나 예수 믿는 우리는 다릅니다. 이 세대를 본받는 사람이 아니기 때문입니다. 우리는 이 세상에 살지만, 이 세상 사람이 아닙니다.

"목사님, 우리가 정말 십자가를 지고 주님을 따라갈 수 있겠습니까?"라고 말하는 사람이 있습니다. 그렇게 말하는 심정에 대하여 저도 충분히 공감합니다. 십자가를 따라가는 것은 참으로 어려운 길입니다. 그 믿음으로 살아온 과정을 돌아보면 저 역시 절대로 쉽다고 말할 수 없습니다. 그러나 또 동시에 굉장히 쉬운 일이기도 합니다. 그것은 나는 죽고 예수로 사는 것입니다. 그러면 주님께서 십자가를 지고 주님을 따르게 해주십니다. 그러니 아주 쉬운 일이 아니겠습니까? 이제 그 눈이 열려야 합니다.

한 제자가 스승에게 물었습니다. "어떻게 하면 고뇌의 짐을 벗을 수 있겠습니까?" 스승은 제자를 데리고 숲으로 갔습니다. "내가 너에게 고뇌에서 벗어나는 방법을 가르쳐줄 테니 나를 따르라." 이 말을 마치자마자 스승은 갑자기 아름드리나무를 끌어안더니 살려달라고 고함치기 시작했습니다. 제자는 당황해서 나무에 매달린 스승을 떼어놓기 위해 안간힘을 썼습니다. 그러나 스승은 나무에 매달린 채 떨어지지 않았습니다. 그런데 제자가 가만히 생각해보니 나무가 스승을 붙잡은 것이 아니라 스승이 나무를 안고 놓지 않고 있는 것이 보였습니다.

"스승님, 나무를 놓으시면 됩니다."

"안돼. 난 놓을 수 없어."

"제가 아무리 떼어놓으려 해도 소용이 없습니다. 스승님이 손을 놓기만 하면 나무에서 떨어질 수 있어요."

그러자 스승이 나무를 놓으며 말했습니다.

"그것이 바로 고뇌에서 벗어나는 방법이란다. 네가 그냥 놓으면 되는 것이다."

안타깝게도 많은 사람이 고통스러운 문제를 스스로 붙잡고 있습니다. 놓기만 하면 되는데 놓지 못하는 것은 놓으면 죽을 것 같기 때문입니다. 문제보다 더 크신 주님이 믿어지지 않기 때문입니다. "그리스도인으로서 세상을 살기가 힘들다", "예수를 제대로 믿기 어렵다", "나는 죽고 예수로 사는 것이 안 된다"라고 말하는 것은 한 가지 이유 때문입니다. 세상보다 예수님이 더 크신 것이 믿어지지 않고, 나는 죽고 예수로 사는 것이 살길이라는 사실이 깨달아지지 않았기 때문입니다.

마음을 새롭게 하시는 주님

오직 마음을 새롭게 함으로 변화를 받아… 롬 12:2

여러분, 사도 바울이 "마음을 새롭게 하라"고 하였는데 마음 역시 하나님이 새롭게 하십니다.

육신에서 굳은 마음을 제거하고… 또 내 영을 너희 속에 두어 너희로 내

율례를 행하게 하리니 너희가 내 규례를 지켜 행할지라 겔 36:26,27

우리가 예수님을 믿는다는 것은 예수님을 영접하는 것입니다. 예수님이 마음 안에 오시면 우리 마음을 완전히 뒤집어놓으십니다. 마음이 새로워져서 예수님의 마음이 되는 것입니다. 그것이 나는 죽고 예수로 사는 것입니다. 그 사람이 예수 믿는 사람이고, 그때부터 모든 것이 달라집니다. 마음과 생각이 달라지고 삶이 변화되는 것입니다.

수고하고 무거운 짐 진 자들아 다 내게로 오라 내가 너희를 쉬게 하리라 마 11:28

주님은 우리를 세상의 무거운 짐에서 완벽하게 건져주십니다.

나는 마음이 온유하고 겸손하니 나의 멍에를 메고 내게 배우라 그리하면 너희 마음이 쉼을 얻으리니 이는 내 멍에는 쉽고 내 짐은 가벼움이니라 하시니라 마 11:29,30

이것이 마음을 새롭게 함으로 변화를 받는 것입니다. "변화

하나님의 인도하심을 구하라

하라"가 아니라 "변화를 받으라"는 것입니다.

고통을 바라보는 눈

복음주의 영성작가 필립 얀시(Philip Yancey)가 고통당하는 성도의 문제로 고민하다가 누구나 다 고통을 싫어하는 것은 아니며, 고통을 원하는 사람도 있다는 것을 깨달았다고 합니다. 어떤 사람이 그럴까요? 수술 이후 감각 신경이 돌아와야 하는 사람이 그렇습니다. 지금 누가 바늘로 찌르면 아플 것입니다. 바늘에 찔리는 것을 좋아할 사람이 누가 있습니까? 그런데 바늘에 찔려서 아픈 사람이 복 있는 사람입니다. 바늘에 찔려도 전혀 아프지 않은 사람이 있습니다. 그는 절망입니다. 신경이 다 죽었기 때문입니다.

감각이 죽어가는 한센병에 걸린 사람에게 통증은 축복입니다. 고통을 느낀다는 것은 역으로 우리가 살아 있다는 증거입니다. 한센병 환자를 위해 헌신한 의료 선교사 폴 브랜드(Paul Brand)는 "고통이 없는 세상은 쉬이 상상이 가지 않습니다. 고통은 생존에 도움이 되는, 아니 필수적인 메커니즘입니다"라고 말했습니다. 정신의학자 폴 트루니에(Paul Tournier)는 《고통보다 깊은》(IVP)이라는 책에서 "고통 없이 창조적인 사

람이 되기는 어렵다. 고통이 없이는 사람이 성장할 수 없다"라
고 썼습니다.

오늘 우리가 이만한 믿음을 갖게 된 배경에도 시련과 고통
이 있었습니다. 이 사실을 깨닫고 나면 고통을 바라보는 눈이
달라집니다. 이처럼 예수님은 우리 안에 오셔서 우리의 마음
을 뒤집어버리십니다. 완전히 새롭게 하십니다.

내 마음의 왕으로 영접하라

미국에서 어느 분이 저에게 메일을 보내왔습니다.

"목사님, 먼저 진심으로 감사드립니다. 초등학교에 들어가
기 전부터 교회에 다니기 시작해서 40대 중반인 지금까지 꾸
준히 신앙생활을 하고 있는 집사입니다. 저는 항상 '왜 나는
변화되지 못하지?'라는 고민이 있었습니다. 오늘 지인이 은혜
받은 간증을 하는데, 마음 한편에 '왜 나에게는 이런 일이 없
지?' 서운함과 부러움이 교차했습니다. 복음성가 〈나 주님의
기쁨 되기 원하네〉를 수없이 부르고 눈물도 흘렸지만, 결국
주님의 기쁨이 아니라 나의 기쁨에서 끝나버렸습니다. 주님은
생각하지 않고.

그런데 오늘 목사님의 설교 말씀이 '주님을 바라보라'는 것

하나님의 인도하심을 구하라

이었습니다. 그때 제 마음에 자그마한 변화가 일어났습니다. '주님을 바라본다는 것이 이런 건가? 주님이 기뻐하시는 것이 나의 기쁨이 된다는 건가? 모든 상황마다 주님이 기뻐하시는 것이 뭘까? 주님이 이것을 기뻐하실까?' 생각하게 되었습니다. 그것이 저에게 너무 큰 기쁨과 위로로 다가왔습니다.

목사님, 지금 이 순간 너무 기쁜 마음에 목사님께 글을 씁니다. '초점이 나에게서 주님으로 바뀌었다는 것이 이런 거구나' 하고 조금씩 알게 됩니다. 제가 주님의 마음을 감히 헤아릴 수는 없겠지요. 단지 제 안에 서서히 변화가 일어나고 있다는 것이 신기하고 감사할 뿐입니다. 목사님, 다시 한번 진심으로 감사드립니다. 눈물 나도록 고맙습니다."

여러분에게도 이분과 비슷한 경험이 있을 것입니다. 여러분의 마음 안에서 일어나는 이런 변화는 예수님이 여러분 안에서 역사하시는 뚜렷한 증거입니다. 여러분, 하나님께 여러분의 몸을 산 제물로 바친 삶이 가장 복된 삶입니다. 그러나 마음의 변화가 없다면 그것을 도저히 깨닫지 못하고 실천할 수도 없습니다. 우리가 마음에 예수님을 왕으로 영접해야 합니다. 그러면 모든 것이 달라집니다. 예수님은 진짜 우리의 마음을 바꾸십니다.

주님께 마음을 열라

예수 믿은 지 10년, 20년, 30년이 되었는데 그다지 마음이 바뀐 것 같지 않습니까? 가만히 있으면서 마음에 변화가 오기만을 기다려서는 안 됩니다. 우리가 주님께 마음을 열어야 합니다.

> 볼지어다 내가 문 밖에 서서 두드리노니 누구든지 내 음성을 듣고 문을 열면 내가 그에게로 들어가 그와 더불어 먹고 그는 나와 더불어 먹으리라
>
> 계 3:20

예수님을 영접했다고 하면서도 예수님이 여전히 마음 문 바깥에 계신 것 같은 상태입니다. 이 말씀은 불신자에게 하시는 말씀이 아니라 초대교회 라오디게아 성도들에게 하시는 말씀입니다. 주님은 이미 마음속에 오셨지만 여전히 마음의 주인이 아니시기에 계속해서 문을 두드리는 것 같은 상태입니다.

주님을 마음에 영접하는 것이 주님께 완전히 순종하겠다는 결단입니다. 곧 내 몸을 하나님께 산 제물로 바치는 것입니다. "주님, 이제 저는 제 것이 아닙니다. 제 삶 전체를 주님께 다 바칩니다." 이것이 마음을 여는 것입니다. 그러면 그때부터 주님이 우리 마음에 역사하십니다. 24시간 주님을 바라보고

하나님의 인도하심을 구하라

살면 주님이 마음을 새롭게 하여 변화를 주실 것입니다. '주님은 나를 어떻게 쓰기 원하실까? 주님은 무엇을 하기 원하실까?' 그 마음으로 살면 주님의 역사가 일어나기 시작합니다. 그보다 더 놀라운 삶은 없습니다.

하나님의 뜻이 갑자기 깨달아질 때가 있습니다. 어떤 때는 주님의 말씀이 마음속에서 계속 떠오르기도 합니다. 그러면 자다가도 벌떡 일어납니다. 어느 때는 자다가 잠깐 깼는데 주님이 말씀을 주셔서 다시 잠들기 어려울 때도 있었습니다. 이처럼 주님은 당신이 무엇을 원하시는지 계속 말씀하십니다. 열쇠는 우리가 듣고 순종할 준비가 되어 있느냐 하는 것입니다.

오늘 하루만 올인하라

24시간 주님을 바라보는 일에 자신이 없는 분이 있을 것입니다. 하나님께 자신의 몸을 산 제물로 바치는 것이 여전히 부담스럽고, 다 잃어버릴 것 같고, 고생길에 들어서는 것 같은 사람도 있을 것입니다. 끝까지 그렇게 살 자신이 없는 분들이 있다면 딱 하루만 해보십시오.

마크 배터슨(Mark Batterson)은 《올인》(규장)이라는 책에서 이렇게 말했습니다. "여러분이 알코올의존증이나 거식증을 평생 잘 이겨낼 수 있을지 저는 잘 모릅니다. 그러나 오늘 딱 하루 동안은 그 싸움에서 이길 수 있다는 것을 믿을 수 있을 것입니다. 그렇습니다. 다음 주나 다음 해를 걱정하지 마십시오. 오늘 하루를 충실하게 살아보십시오. 24시간 동안 유혹을 뿌리칠 수는 없겠습니까? 유혹과의 싸움에서 오늘 하루 동안은 이길 수 없겠습니까? 저는 당신이 분명히 이길 수 있다는 것을 압니다. 그것은 당신도 알고 원수 사탄도 압니다. 내일 일은 내일에 맡기십시오."

정말 그렇습니다. 여러분, 여러분의 몸을 하나님께 거룩한 산 제물로 바치는 것을 하루만 해보십시오. 딱 하루만 하나님께 바치는 것입니다. 이제부터 주님이 하시는 말만 하고, 주님이 하고 싶은 일만 하는 것입니다. 이제는 시간을 여러분 마음대로 쓰면 안 됩니다. 하루만 하나님께 몸을 바쳐보십시오. 그러면 둘째 날도 바치고 싶고, 셋째 날도 바치고 싶고, 넷째 날도 바치고 싶어집니다. 자신의 몸을 하나님께 맡기고 사는 것이 얼마나 놀라운 삶인지 알게 될 것입니다.

한번 해보십시오. 그러면 계속해서 주님만 바라보면서 살고 싶어질 것입니다. 그다음은 주님이 이끄실 것입니다. 내일은 내일 주님이 역사하실 것입니다. 주님의 뜻을 분별하는 것은 절대로 어렵지 않습니다. 그리고 비로소 내가 세상을 어떻

하나님의 인도하심을 구하라

게 살아야 할지 알게 됩니다. 오늘 내 몸을 하나님이 기뻐하시는 거룩한 산 제물로 바치기로 분명히 결단하며 기도하고, 실제로 그렇게 사는 역사가 여러분에게 있기를 원합니다.

prayer points ‖‖

1 주님, 그동안 세상에만 반응하고 사람의 생각으로만 판단했던 것을 회개합니다. 주님, 제대로 알지 못하고 함부로 말하고 행동했던 것을 용서해주세요.

2 하나님, 제 몸을 산 제물로 하나님께 드립니다. 이제 저는 주님의 소유입니다. 가정이나 교회, 일터에서 주님의 말을 하고 주님의 일을 하게 하소서.

3 주여, 하루만이라도 주님께 드려진 자로 살게 하소서. 그리하여 주님의 생명으로 사는 눈이 열리게 하소서.

하나님의
뜻이 무엇인가
이해하라

15 그런즉 너희가 어떻게 행할지를 자세히 주의하여 지혜 없는 자같이 하지 말고 오직 지혜 있는 자같이 하여 16 세월을 아끼라 때가 악하니라 17 그러므로 어리석은 자가 되지 말고 오직 주의 뜻이 무엇인가 이해하라 18 술 취하지 말라 이는 방탕한 것이니 오직 성령으로 충만함을 받으라 19 시와 찬송과 신령한 노래들로 서로 화답하며 너희의 마음으로 주께 노래하며 찬송하며 20 범사에 우리 주 예수 그리스도의 이름으로 항상 아버지 하나님께 감사하며 21 그리스도를 경외함으로 피차 복종하라

에베소서 5:15-21

하나님의 뜻 이해하기

여러분, 아무리 힘들어도 주님이 보신다는 사실을 명심하고 똑바로 살아야 합니다. 그 사람이 성도입니다. 힘들다고 세상을 따라가거나 유혹에 휩쓸려 하나님의 뜻대로 살지 않으면 아무 소망이 없습니다. 하나님의 뜻대로 살지 않는 자에게 하나님께서 어떻게 복을 주시겠습니까? 그것은 현재도 고생이지만 앞날의 희망도 사라지는 무서운 일입니다.

어느 장로님이 재정 문제로 오래 연단을 받으셨는데, 안타깝게도 다시 시작한 사업에 불법이 있어 구속되셨습니다. IMF 당시 경제적 어려움 때문에 술집에 나간 여 집사가 있었습니다. 얼마나 어려우면 그랬을까 싶지만 통탄할 일이 아닐 수 없었습니다. 일이 너무 바빠 교회에서 맡은 사명을 내려놓겠다는 분들도 있습니다. 목회 스트레스로 여 집사와 불륜에 빠진 목사도 있습니다. 헌금이 줄었다고 선교사 후원을 줄이기로 결의한 어느 교회의 이야기를 들으며 마음이 무너지는 심정이었습니다. 정말 지금도 살아 역사하시는 하나님을 믿는 것입니까?

그런즉 너희가 어떻게 행할지를 자세히 주의하여 지혜 없는 자같이 하지 말고 오직 지혜 있는 자같이 하여 엡 5:15

코로나19 팬데믹이 언제 종식될지 예측하기 힘든 상황입니다. 이처럼 여러 가지 문제로 힘든 상황일수록 우리는 어떤 결정을 내릴 때 더욱 신중해야 하고 지혜를 구해야 합니다. 그것은 이럴 때일수록 복 받을 길로 나아가는 것입니다. 그 지혜가 무엇입니까? 하나님의 뜻이 무엇인지 이해하는 것입니다.

그러므로 어리석은 자가 되지 말고 오직 주의 뜻이 무엇인가 이해하라 엡 5:17

하나님의 뜻이 무엇인지 깨닫게 되면 어떻게 해야 할지가 분명해집니다. 그 길이 비록 힘들지라도 얼마든지 이겨낼 수 있습니다. 그러므로 고난당할 때 막무가내로 이 고난을 물리쳐달라고 기도하지 말고 하나님의 뜻이 무엇인가 이해하게 해

하나님의 인도하심을 구하라

달라고 기도해야 합니다. 하나님이 복 주실 수 없도록 살면서 어려움만 빨리 지나가기를 구하면 하나님께서 어떻게 역사하실 수 있겠습니까?

고난의 순간만 하나님의 뜻을 깨달아야 하는 것이 아닙니다. 성공할 때도 마찬가지입니다. 성공했을 때 하나님께서 왜 나를 성공하게 하셨을까 생각해야 합니다. 성경에 어리석은 부자 이야기가 나옵니다. 밭에 소출이 많아지자 부자는 곳간을 더 크게 지어 곡식을 쌓아두고 먹고 마시고 즐기려고 했습니다. 그러자 하나님께서 부자를 꾸짖으시며 그의 영혼을 거두어가십니다.

이 부자의 문제가 무엇입니까? 이 부자는 하나님의 뜻이 무엇인지 관심이 없었다는 것입니다. 여러 해 쓸 물건을 많이 쌓아두었으니 마음 놓고 즐기자는 생각밖에 없었습니다. 이런 사람은 잘되고도 망합니다. 그러므로 우리는 어려울 때나 잘될 때나 항상 하나님의 뜻을 이해해야 합니다.

걱정 근심하느라 허송할 시간은 없다

하나님의 뜻을 이해하라는 것은 세월을 아끼라는 말입니다.

때가 악하다는 말이 무슨 뜻입니까? 하나님의 뜻이 혼란스
러워지고 하나님의 뜻에 대하여 관심이 없어지는 때라는 말입
니다. 코로나19 사태로 우리가 두려워할 것은 어려운 일이 많
이 생긴 것이 아닙니다. 걱정 근심하느라 세월을 허송하는 것
입니다. 지금이 위기인 것은 주님을 전혀 생각하지 못하게 만
드는 때가 되었기 때문입니다. 예수님을 믿는 그리스도인도
예수님을 생각하지 않고 삽니다. 목회자마저 주님을 의식하
지 않습니다. 이것이 때가 악하다는 의미입니다. 이런 때가 되
었으니 세월을 아껴야 한다는 것입니다.

지금 어려움이 많아 할 수 있는 것이 아무것도 없을 것 같
지만, 그 어려움 속에도 하나님의 기뻐하시는 뜻은 있습니다.
모든 일들이 하나님의 기회임을 깨달아야 합니다. 코로나19
확산으로 사회적 거리두기가 강화되었는데, 코로나 이전에도
우리가 거리두기를 했다는 것을 아십니까? 여러분도 힘들 때
한 번쯤 기도원을 찾은 적이 있을 것입니다. 그것이 일종의 거
리두기입니다. 가족, 친척, 교인들을 떠나 하나님 앞에 홀로
머무는 시간을 갖는 것입니다. 옛날에 수도자들은 아무도 만
나지 못하는 사막으로 자원하여 들어가기도 했습니다.

마이크로소프트의 창업자 빌 게이츠는 1년에 2주간 '생각 주간'(Think Week)이라는 기간을 보내는 것으로 유명합니다. 조용한 곳에서 외부와의 접촉을 차단한 채 미래를 전망하고 아이디어를 정리했다고 합니다. 어떻게 보면 거리두기는 우리에게 소중한 일이었습니다. 비록 지금의 거리두기가 우리가 원해서 되어진 것이 아니지만, 거리두기를 할 수밖에 없는 이때에도 하나님의 놀라운 일은 얼마든지 이루어질 수 있음을 믿어야 합니다. 왜 이런 어려운 일이 생겼는지 한탄만 하지 말고 하나님의 뜻이 무엇일까 깊이 생각해야 합니다.

하나님과의 관계를 소홀히 하지 말라

우리가 깨달아야 할 하나님의 중요한 뜻은 어떤 상황이든지 하나님과의 관계가 더 깊어지는 계기로 만들어야 한다는 것입니다.

술 취하지 말라 이는 방탕한 것이니 오직 성령으로 충만함을 받으라

엡 5:18

우리는 자신도 모르게 세상이 주는 즐거움에 **빠지게** 됩니

다. 술을 마시는 것이 대표적인 일입니다. 물론 그뿐만 아니라 오락, 도박, 스포츠, 게임 등도 있습니다. 세상의 즐거움이 악하다거나 그것 자체가 죄는 아니라고 해도 그것 때문에 하나님과의 관계가 소홀해지게 되었다면 문제입니다. 아무리 좋은 것이라도 말씀과 기도로 주님과 동행하는 삶에 지장을 받는다면 지나친 것입니다. 그것은 술 취하는 것과 같습니다. 술 취한다는 것은 세상 즐거움, 세상에서 얻는 기쁨, 세상이 주는 만족을 얻으려 하는 것을 상징합니다.

"술 취하지 말라"와 "오직 성령으로 충만함을 받으라" 이 둘은 완전히 다릅니다. 음식, 운동, 사람과의 교제, 문화생활은 다 우리에게 필요한 것들입니다. 그러나 아무리 죄가 아닌 일이라도 어느 순간 성령의 근심이 느껴진다면 그만해야 합니다. 기도도 못 하고 말씀 묵상도 못 하고 주님과의 관계를 점검하는 동행일기를 쓸 시간도 없이 살고 있다면 돌이켜야 합니다. 누가 지적하지 않아도 성령께서 우리 마음에 근심을 주십니다.

우리가 하나님이 기뻐하시지 않는 신앙생활을 하고 있으면, 가족이나 가까운 사람이 금세 알아봅니다. 그래서 "너, 요즘 기도생활 제대로 안 하는구나", "요즘 말씀 못 읽고 있지?" 하는 말을 듣게 되는데, 이런 말을 들으면 대개 기분 나빠하고 자기를 합리화하려고 애를 씁니다. 그것은 어리석은 일입니다. 성령께서 이미 마음에 찔림을 주고 계시기 때문입니다.

성령의 근심은 사실 축복입니다. 왜 그렇습니까? 근심의 때가 지나면 심판의 때가 오는데, 하나님이 무엇을 거두어 가신 후에야 정신을 차린다면 얼마나 고통스러운 일입니까? 그러니 지금 여러분의 마음에 성령의 근심이 있다면 '내가 어느새 세상에 취해 있구나'라고 깨닫고 속히 돌이켜야 합니다.

주님과 동행하는 훈련

한번은 제 사무실에 한 남자 권사님이 편지를 놓고 가셨습니다. 편지를 읽어보니 부산에 사시는 권사님인데 직장에서 성남 영업팀장으로 발령을 받아 복정동에서 혼자 생활하게 되었다고 합니다. 너무 힘들고 외로워서 다시 부산으로 발령이 나도록 기도했지만 발령이 나지 않아 선한목자교회에 나오게 되었고, '나는 죽고 예수로 사는 복음'과 '예수님과 동행하는 삶'에 대해 듣게 되었다고 합니다.

한 번은 부산에서 서울로 오는 기차에서 하나님께 다시 부산으로 발령을 받게 해달라고 간절히 기도하는데 갑자기 주님께서 그 권사님이 가족들과 함께 살기를 더 원하신다는 생각이 들었다고 합니다. 그때부터 '그러면 왜 내가 성남 복정동에서 혼자 살고 있는 거지?'라고 생각하게 되었고, 주님이 자신과 대화하고 교제하고 싶어 하신다는 것이 깨달아졌다는 것입니다.

그는 대학생 때 주님을 영접했지만 주님과 교제하는 방법을 몰랐고, 성령 체험도 하고 방언도 했지만 그 경험들이 성령 충만이라고 생각했을 뿐 일상에서 꾸준히 주님을 바라보는 훈련을 하지 못했기 때문에 주님의 음성에 귀 기울이지 않고 살았습니다. 그때부터 권사님은 예수동행일기를 쓰며 주님과 동행하는 삶을 시작했습니다. 처음에는 많이 서툴렀지만 늘 주님을 의식하며 살았고, 그러다가 넘어져도 주님이 사랑의 눈으로 지켜주시는 것을 되새기며 다시 일어나 주님을 바라보기를 반복했습니다.

가족들이 성남으로 올라올 때는 선한목자교회에서 함께 예배를 드리며 행복한 시절을 보내다가 어느새 다시 부산으로 발령을 받게 되었습니다. 권사님은 부산에 가서도 예수님과 동행하는 훈련을 계속할 뿐만 아니라 다른 교인들에게도 받은 은혜를 나누고 하나님나라를 위해서 계속 기도하겠다고 하면서 감사의 편지를 놓고 가셨습니다. 성령 충만의 역사는 기적이 나타나는 것만 아닙니다. 가장 놀라운 성령 충만은 늘 주님과 동행하며 언제 어디서나 하나님을 찬양하고 감사하는 것입니다.

시와 찬송과 신령한 노래들로 서로 화답하며 너희의 마음으로 주께 노래하며 찬송하며 엡 5:19

고난이 닥칠 때라도 하나님이 함께하신다는 것이 믿어져서 찬양하게 되는 것이 성령의 충만입니다. 세월을 아끼십시오. 여러분, 걱정, 근심, 염려, 두려움, 남 탓, 원망하느라 시간을 다 보내면 안 됩니다. 그 시간에 주님과 동행하는 훈련을 해 보십시오. 그러면 하나님과의 관계가 점점 더 깊어집니다. 혹시 일터에서 어려움을 겪고 계십니까? 주님과 함께 그 일을 겪는다고 생각하고 주님과 친밀해지는 훈련으로 받아들이기 바랍니다. 주님과 친밀하게 동행하는 훈련이 안 된 사람은 일이 바빠지면 주님과 동행하는 삶이 다 무너지고 맙니다. 그런 상태에서 주님 앞에 갈 순간이 온다면 어떤 심정이겠습니까? 그러니 아무리 바빠도 주님과 동행하는 일에 소홀하면 안 됩니다. 주님과의 관계를 훈련해야 합니다. 요셉이나 다윗이 괜히 오랫동안 훈련받은 것이 아닙니다.

찬양과 감사가 하나님의 뜻이다

제자들이 예수님의 부활을 전하다가 예루살렘 공회에서 매를 맞고 어려움을 당했습니다. 그러나 그 일 후에 그들은 기쁨으로 찬양했습니다. 주님의 이름으로 고난당하는 것을 마땅한 일로 여겼기 때문입니다. 매를 맞고 빌립보의 지하 감옥에 갇힌 바울과 실라 역시 한밤중에 찬송했습니다. 복음을 전할 때 고난도 받게 된다는 것이 깨달아졌기 때문입니다. 그러자 옥문이 흔들리고 매인 것이 다 풀렸습니다. 고난이 닥치고 문제가 생겨도 하나님의 뜻을 이해하고 나면 지금 무엇을 해야 하는지 금세 알게 됩니다.

저는 목회자 가정에서 자랐지만 찬양이 좋은 줄 몰랐습니다. 어려서부터 늘 부르고 들었기 때문에 익숙할 뿐이었는데, 인격적으로 주님을 알고 나서 찬양이 좋아졌습니다. 어느 날은 예배를 드리면서 계속 찬양만 부르다가 삶을 마쳤으면 좋겠다고 생각할 정도입니다. 주님 앞에 가면 모든 근심, 염려, 무거운 짐을 다 벗어버리고 오직 주의 임재를 누리며 찬양하는 이 순간이 영원할 것이라 생각되니 너무나 기뻤습니다.

그런데 그때 주님이 제 마음에 '지금 네가 있는 사역의 현장에서도 찬송의 기쁨을 누릴 수 있다. 그리고 반드시 그리 되어야 한다'라고 하시는 것 같았습니다. 저는 그때 "아멘, 주여,

그렇습니다"라고 고백했습니다. 이 세상에서 찬양의 기쁨을 누릴 때 영원한 하나님의 나라에서도 찬양하며 사는 복을 누릴 수 있기 때문입니다.

찬양은 꼭 형편이 좋을 때만 부르는 것이 아닙니다. 하나님의 계획은 우리가 삶의 어떠한 순간에도 찬양하는 것입니다. 고난 중에 드리는 찬양은 오히려 기막힌 복입니다. 하나님 앞에 가면 우리의 모든 삶이 다 드러날 것입니다. 그런데 삶의 가장 큰 고난의 때에 하나님을 원망하거나 배반하지 않고 오히려 하나님을 찬양했던 것이 드러난다면 얼마나 황홀한 일이겠습니까? 하나님이 얼마나 기쁘시겠습니까? 그것이 최고입니다.

고난 중의 찬양은 영적 미사일입니다. 하나님 앞에 드리는 말할 수 없는 영광입니다. 마귀는 우리가 하나님을 원망하고 저주하고 부인하며 하나님을 떠나가기를 원합니다. 그런데 우리가 하나님을 찬양하면 마귀는 기겁해서 물러갈 것입니다. 우리가 하나님의 뜻을 이해하고 나면 어려울 때 찬송하고 모든 순간 감사하게 됩니다. 하나님의 뜻은 우리가 어떤 상황에서도 예수님의 이름으로 하나님 아버지께 감사하는 것입니다.

범사에 우리 주 예수 그리스도의 이름으로 항상 아버지 하나님께 감사
하며 엡 5:20

여러분, 아무리 어려운 상황에서도 감사할 것이 있습니다.
왜냐하면 우리가 언제나 하나님의 은혜 안에 있기 때문입니
다.

거리두기의 은혜

조선시대에도 피접(避接)이라는 거리두기가 있었습니다. 피접
이란 병을 앓는 사람이 거처를 옮겨 요양하는 것을 말합니다.
학자 임유후는 과거에 급제했지만 정치 싸움에 휘말리고 역병
까지 터지자 낙향하여 <등왕각서>라는 당나라 시대의 오래
된 문장집을 만 번도 넘게 읽었습니다. 그 어려운 문장을 술술
읽고 쓰면서 그 역시 명문가(名文家)가 되어 병조 참판의 자리
에 복귀합니다.

　페스트(흑사병)가 온 유럽에 창궐할 당시 학생이었던 뉴턴
도 고향으로 돌아가 2년간 학교에서 배웠던 것들을 집중해서
정리해보았는데, 그 후 만유인력의 법칙을 비롯한 많은 학문
적 업적들이 터져나옵니다. 그는 "내가 페스트를 피해 시골에

　　　　　　　　하나님의 인도하심을 구하라

내려가 있던 2년이 내 인생에서 가장 생산적인 시간이었다"라
고 이야기했습니다.

우리가 코로나19 때문에 아무것도 하지 못한다고 생각하
는 이 시기에도 하나님의 일은 누군가에 의해 이루어지고 있습
니다. 그러니 어려움이 닥쳤을 때 믿음으로 감사하시기 바랍
니다. "이것도 내게 큰 유익이 되겠군요." 그러면 확실합니다.
믿음으로 감사하고 나면 그것이 간증이 됩니다. 마찬가지로
하나님의 뜻이 깨달아지면 고난의 때에 하나님의 역사가 이루
어집니다.

고난당한 것이 내게 유익이라 이로 말미암아 내가 주의 율례들을 배우
게 되었나이다 시 119:71

《주홍글씨》의 작가 나다니엘 호손(Nathaniel Hawthorne)
은 미국 매사추세츠주의 세관 직원이었습니다. 정직하고 성실
하게 일하던 어느 날 그는 직장 상사와 사소한 문제로 다투
다가 실직하게 됩니다. 낙심해 있는 남편에게 아내가 "여보,
너무 잘된 일이네요. 이제야말로 하나님이 당신이 하고 싶은
일을 할 수 있는 기회를 주시는 것 같아요. 이제부터 당신이
그토록 원하는 글을 쓰세요. 혹시 몰라 그동안 저금을 해두

었어요. 1년 정도는 먹고사는 일로 걱정하지 않아도 돼요"라고 용기를 북돋워주었습니다. 그가 실직하는 일이 없었다면, 그의 안에 잠재되어 있던 작가로서의 재능과 은사도 사장되고 말았을 것입니다.

주님을 경외함으로 피차 복종하라

우리가 이해해야 하는 두 번째 하나님의 뜻은 어떤 상황에서도 함께 사는 사람들 사이에 주님을 경외함으로 서로 복종하는 것입니다.

> 그리스도를 경외함으로 피차 복종하라 엡 5:21

가정이나 교회에서 우리는 주님을 경외하는 마음으로 가족이나 교인들에게 복종해야 합니다. 자신의 딸을 탁월한 음악가로 기르기 위해 일생을 바치다시피 한 여성이 있었습니다. 결국 그 딸은 유명한 음악가가 되었지만, 오직 딸만 위하는 아내 때문에 남편의 마음에 심각한 상처가 생겼습니다.

남편보다 더 사랑한 딸이었지만 딸의 삶 역시 행복하지 못했습니다. 딸은 어려서부터 엄마 아빠를 보며 마음에 깊은 상처를 안고 자라나 행복한 결혼이 어떤 모습인지, 남편과 아내가 서로 어떻게 사랑하며 사는지 보고 배울 기회가 없었습니다. 나중에는 엄마와의 관계마저 틀어졌습니다. 좋은 엄마가 되는 최선의 방법은 남편에게 좋은 아내가 되는 것입니다. 그것이 최고의 자녀교육입니다. 자녀가 가장 원하는 것은 부모가 서로 사랑하며 행복하게 사는 것입니다.

제 아내가 말씀을 전하면서 "남편을 보면 예수님을 보는 것 같다"라고 한 모양입니다. 그 말을 들은 사람들이 저를 무슨 천연기념물처럼 보는 것 같습니다. 저에게 도대체 어떻게 사느냐고 묻는 사람도 있습니다. 그런데 여러분, 제가 제 아내에게 정말 늘 예수님처럼 보일까요? 제가 아무 허물이 없고 예수님처럼 완벽하게 살기 때문일까요? 그럴 수는 없습니다.

그런데 왜 아내가 그렇게 말하는 것일까요? 그것은 제 아내의 믿음과 소원을 담은 고백입니다. 남편 안에 예수님이 거하신다는 믿음을 고백하고 시인한 것입니다. 그러면 제가 아내에게 어떻게 할 것 같습니까? 저 역시 제 아내를 볼 때마다 예수님을 계속 의식하게 됩니다. 말할 때나 행동할 때나 이렇게 하는 것이 주님이 원하시는 것인지 계속 주님께 묻게 됩니다.

그리고 저는 이것이 아내가 남편을 세우는 하나님의 방법임을 알았습니다. 바로 하나님이 주시는 지혜입니다. 하나님께서 아내는 남편에게 순종하고 남편은 아내를 사랑하라고 하셨는데, 그것은 하나님께서 우리를 행복하게 하기 위하여 주신 말할 수 없는 지혜입니다.

제가 24시간 주님을 바라보면서 아내를 바라보는 제 눈이 달라졌다는 것을 깨달았습니다. 전에는 남편의 눈으로 아내를 보았는데, 이제는 예수님이 보시는 관점에서 아내를 보게 되는 것입니다. 아내는 제 아내일 뿐만 아니라 주님이 사랑하시는 딸입니다. 주님이 아내를 어떻게 보실지 깨달아지니까 저도 아내를 다르게 보게 되었습니다. 그것은 엄청난 생각의 변화였습니다.

하나님이 기뻐하시는 뜻을 이해하라

앞으로 직장에 들어가는 것이 좋을지, 사업을 하는 것이 좋을지에 대하여는, 하나님께서 명확하게 말씀하지 않을 수 있습니다. 그러나 함께하는 사람들에게 주님을 경외함으로 피차 복종하라는 말씀은 너무나 명확합니다. 그렇게 살면 잘한 것입니다.

여러분, 비록 어려운 때이지만 매사에 분명히 보여주시는 하나님의 뜻을 놓치지 않으면 됩니다. 우리가 가야 할 목적지

하나님의 인도하심을 구하라

를 결코 놓치지 말아야 합니다. 방향이 분명해야 합니다. 목적지가 분명하면 돌짝밭이든 산길이라도 가야 합니다. 힘들다, 어렵다, 귀찮다고 생각해서는 안 됩니다.

하나님이 기뻐하시는 뜻을 알고 나면 어떤 형편에서든지 찬송하고 감사하게 됩니다. 이것이 성령 충만이요 큰 지혜요 능력입니다. 또한 주님을 경외하는 마음으로 함께하는 사람들 사이에 피차 복종하면 '정말 잘 살았구나. 하나님이 이렇게 기막힌 길을 열어놓으셨구나' 하고 고백하게 됩니다. 이 지혜로 살아가는 여러분이 되시기를 바랍니다.

prayer points ||||||||||||||||||||||||||||||||||||||||||||||||||||||||||||||||||||||||||||||

1 어렵다고 방황하고 세월을 허송하여 보내고 세상에 빠져 사는 생활을 그치게 해주소서. 오직 하나님의 뜻이 무엇인지 이해하게 하소서.

2 항상 성령으로 충만하고 어떤 상황에서든지 하나님을 찬양하고 감사하게 하소서. 잘되든 어렵든지 하나님과의 관계가 더 깊어지게 하소서. 주님과 동행하는 삶을 훈련하게 하소서.

3 어려울수록 가족과 교인들 사이에 주님을 경외함으로 서로 복종하게 하소서.

오직 하나님의
기쁨을 구하라

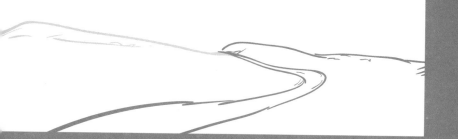

chapter
10

열매로
하나님의 뜻을
분별하라

19 육체의 일은 분명하니 곧 음행과 더러운 것과 호색과 20 우상 숭배와 주술과 원수 맺는 것과 분쟁과 시기와 분냄과 당 짓는 것과 분열함과 이단과 21 투기와 술 취함과 방탕함과 또 그와 같은 것들이라 전에 너희에게 경계한 것같이 경계하노니 이런 일을 하는 자들은 하나님의 나라를 유업으로 받지 못할 것이요 22 오직 성령의 열매는 사랑과 희락과 화평과 오래 참음과 자비와 양선과 충성과 23 온유와 절제니 이 같은 것을 금지할 법이 없느니라

갈라디아서 5:19-23

나는 하나님의 뜻대로 살겠다!

어떤 어려운 상황이 되더라도 하나님의 뜻대로 살아야 합니다. 이것은 조금이라도 양보하거나 그 기준을 약화시켜서는 안 됩니다. 고생도 무릅써야 하고 사람들의 조롱을 받을 각오도 해야 합니다. 무슨 일이 있어도 주님의 인도하심을 따라가야 합니다. 노아가 방주를 만들 때 사람들이 얼마나 조롱했겠습니까? 욥이 말할 수 없는 시험을 겪으면서도 끝까지 하나님을 부인하지 않을 때 친구들도 그를 이해하기 어려웠습니다.

물론 우리가 어떻게 하나님의 뜻을 완벽하게 이해할 수 있겠습니까? 하나님의 뜻대로 살고 싶지만 하나님의 뜻을 바로 깨닫지 못하여 잘못 살 수도 있을 것입니다. 하지만 그런 경우에는 하나님께서 우리를 징계하지 않으신다고 확신합니다. 성경에 나오는 많은 하나님의 사람도 실수하고 실패하였습니다. 그러나 하나님의 뜻대로 살려는 마음의 중심이 분명하다면 하나님께서 바로잡아주시고 깨우쳐주셨습니다.

단 한 가지만은 분명해야 합니다. 무슨 일이 있어도 "나는 하나님의 뜻대로 살겠다"라고 다짐해야 한다는 것입니다. 어려울수록 그리해야 합니다. 그렇지 않으면 우리의 앞날에 희망이 없습니다. 하나님의 뜻대로 살지 않으면 하나님이 역사하실 수 없습니다. 하나님이 도와주셔야만 하는 어려운 상황에서 하나님이 도와주실 수 없도록 산다면 무슨 희망이 있겠습니까?

마음을 지키라

하나님의 뜻대로 살려면 반드시 마음을 지켜야 합니다. 왜냐하면 우리의 마음 상태에 따라 하나님의 뜻이 다르게 분별되기 때문입니다. 우리의 마음은 성령과 마귀가 서로 점령하고자 싸우는 전쟁터입니다. 지금도 여러분의 마음에서 성령과 마귀가 싸우고 있을 것입니다. 우리 속에 성령의 소욕과 마귀의 소욕이 끊임없이 서로 주인이 되려고 싸웁니다.

물론 성령과 마귀가 힘이 비등해서 싸우는 것은 아닙니다. 마귀는 성령의 상대가 되지 않습니다. 그러나 에덴동산에서

하나님의 인도하심을 구하라

하와가 뱀의 유혹에 넘어간 것처럼 우리가 어리석어서 마귀가 주는 생각에 더 치우친다는 것이 문제입니다. 그래서 마귀가 감히 하나님과 상대할 수 없지만, 우리 마음에서는 싸움의 대상이 되는 것입니다. 이것이 우리 안에 있는 죄의 성향입니다. 너무나 안타까운 일이지만 우리가 이것을 분명히 알아야 합니다. 그러면 마음을 지키게 됩니다.

마음을 지키지 않으면 마귀는 금세 우리를 장악해버립니다. 우리는 성령이 역사하는지, 마귀가 역사하는지 쉽게 분별할 수 없습니다. 다 영적인 존재이기 때문입니다. 그런데 마음의 상태를 보면 '아, 성령이 역사하셨구나', '마귀가 역사했구나' 하고 분별할 수 있습니다. 우리가 성령과 마귀를 실제로 볼 수 있다면 누구나 성령을 따라갈 것입니다. 그런데 영적인 존재이기에 분별하기 어려운 것이 문제입니다. 그렇지만 우리 마음의 열매를 통하여 성령의 열매인지 마귀의 열매인지를 알 수 있습니다.

마귀의 열매

성경은 마귀의 열매가 무엇인지 분명하게 가르쳐주셨습니다.

육체의 일은 분명하니 곧 음행과 더러운 것과 호색과 우상 숭배와 주술과 원수 맺는 것과 분쟁과 시기와 분냄과 당 짓는 것과 분열함과 이단과 투기와 술 취함과 방탕함과 또 그와 같은 것들이라 전에 너희에게 경계한 것 같이 경계하노니 이런 일을 하는 자들은 하나님의 나라를 유업으로 받지 못할 것이요 갈 5:19-21

이것이 다 마귀가 역사해서 나타나는 열매입니다. 이런 것들을 보면 마귀가 역사했음을 알라는 것입니다. 열매를 보고 그 영의 실체를 아는 것입니다. 성경에 이렇게 명확히 나와 있는데 안타깝게도 많은 그리스도인이 마귀가 주는 생각을 분별하지 못합니다. 복수하고자 하는 마음, 거짓말, 분열을 일으키는 생각은 마귀가 넣어준 것입니다. 성경에 너무나 분명히 기록되어 있지 않습니까?

운전할 때 갑자기 누가 끼어들면 화가 나고, 손해를 보거나 자신에게 좋지 않게 대하는 사람에게 앙갚음하고 싶은 마음이 불쑥 일어납니다. 솔직히 말하면 부끄럽거나 손해볼 것 같으면 쉽게 거짓말합니다. 가정이나 교회에서도 '누가 내 편일까?' 하는 생각을 아무렇지 않게 합니다. 이런 생각의 뿌리는 마귀라고 성경에 기록되어 있습니다. 그런데 실제로 이런 생각이 일어날 때는 그것이 마귀가 주는 생각이라고 전혀 분

하나님의 인도하심을 구하라

별하지 못합니다.

자기 속에 마귀가 역사한다는 것을 알면 얼마나 놀라고 충격이겠습니까? 그러면 마귀에게 휩쓸리지 않을 것입니다. 그러나 불쑥 화가 일어날 때, 복수하고 싶은 마음이 들 때, 거짓말하려는 충동이 일어날 때, 음란의 유혹을 받을 때, 시기하는 마음이 생길 때, 수군수군하고 다른 사람을 흉볼 때 그것이 마귀의 역사라는 것을 분별하지 못하니 그 생각을 품게 되는 것입니다. 누군가가 "그건 마귀가 주는 생각이야"라고 분별해 주어도 인정하려고 하지 않습니다. 계속 자신을 합리화합니다. "마귀가 지금 당신을 사로잡으려 미혹하고 있다"라고 가르쳐주는 사람에게 오히려 화를 냅니다. 우리의 마음이 마귀에게 기울어버렸기 때문입니다.

제가 "24시간 주님을 바라보자"라고 권했더니 어느 목사님이 "처음에 그 이야기를 들을 때 너무 싫었다"라고 솔직하게 고백하셨습니다. 목사가 24시간 주님을 바라보는 것이 싫었다면 그것이 누가 주는 생각이었겠습니까? 마귀가 주는 생각입니다. 자녀들에게 밥 먹자고 해도 "싫어", 공부하라고 해도 "싫어", 예배드리자고 해도 "싫어" 합니다. 마치 아이들이 다 '싫어 병'에 걸린 것 같습니다. 왜 싫은지 자기도 모릅니다. 그냥 싫은 것입니다. 자기에게 유익한데도 다 싫다고 합니다.

영적으로 묶여 있는 것입니다. 그렇지만 그것이 마귀의 역사라는 것을 전혀 분별하지 못합니다. 여기에 심각한 문제가 있습니다. 우리 사회에 갈등이 심해졌을 때 "분노의 영을 조심하라" 하였더니 무섭게 공격하는 이들이 있었습니다. "마귀의 역사를 조심하라"는 말 자체가 너무 듣기 싫은 것입니다.

일본의 아동정신과 전문의 미야구치 코지(宮口幸治)가 범죄를 저지른 아동과 청소년을 상담한 경험을 바탕으로 《케이크를 자르지 못하는 아이들》(인플루엔셜)이라는 책을 썼습니다. 소년원에 수감된 아이들의 심리상태를 검사하면서 원을 동그란 케이크라고 생각하고 똑같이 세 조각으로 나눠보라고 했습니다. 그런데 선뜻 자르지 못하고 한참을 들여다보다가 가운데를 자릅니다. 제대로 삼등분하지 못하고 가로로 선을 긋거나 면적이 다르게 나누기도 합니다. 이런 결과를 분석하면서 범죄를 저지른 아이들의 인지 능력에 심각한 문제가 있다는 결론을 내렸습니다.

그런데 그 책을 읽으면서 저는 영적 인지 능력도 마찬가지라는 생각이 들었습니다. 마귀의 역사와 성령의 역사가 너무나 분명하고 성경에 분명히 나와 있는데도 실제 삶에서 성령의 역사와 마귀의 역사를 전혀 분별하지 못한다면 그것은 영적으로 죽어 있거나 잠들어 있는 것입니다. 곧 영적 인지 능력에 문

하나님의 인도하심을 구하라

제가 생긴 것입니다.

성령의 열매

성경은 성령의 열매에 대해서도 가르칩니다.

> 오직 성령의 열매는 사랑과 희락과 화평과 오래 참음과 자비와 양선과
> 충성과 온유와 절제니 갈 5:22,23

성령이 우리 가운데 역사하시면 형편이 어려워도 마음에 기쁨이 있습니다. 성령을 눈으로 볼 수는 없지만 설명하기 어려운 기쁨이 자신의 마음에 넘치는 것을 보면 성령이 역사하신다는 것을 알 수 있습니다. 성령께서 그런 마음을 심어주실 때 주님이 주시는 마음이라고 분별해서 성령을 따라가면 열매를 맺습니다. 그런데 많은 성도가 그것이 안 됩니다. 성령께서 분명히 역사하시는데도 좀처럼 그것이 성령의 역사임을 깨닫지 못합니다.

제가 전에 목회하던 교회에 성격이 괴팍한 여자 권사님 한 분이 계셨습니다. 많은 상처를 안고 오랜 기간 혼자 살아온 분이었는데 교회에서 성도들과의 교제에 어려움이 많았습니

다. 말이 퉁명스럽고 이따금 예배당 의자 사이를 다니며 귀신을 내쫓는다고 하시는 등 교인들이 보기에 정상이 아닌 행동을 많이 하셨습니다. 언행을 고치도록 아무리 권면을 해도 통하지 않고 오히려 더 심해져서 목회자인 저로서도 고민이 되었습니다.

그때 제 안에 교인들이 그 권사님을 싫어하고 심지어 미워하는 감정 때문에 그 권사님 안에 악한 영이 더 강하게 역사하게 된다는 것이 깨달아졌습니다. 그래서 교인들에게 그 권사님을 오직 사랑으로 대하자고 호소했습니다. 마귀가 그 권사님에게 역사하지 못하게 막는 길은 우리가 그 권사님을 사랑하는 길밖에 없다고 강조했습니다. 그 후 교우들이 애를 많이 썼고 권사님의 상태가 너무나 좋아지는 것을 보았습니다. 영적인 역사가 눈에는 보이지 않지만 우리가 조금만 분별하면 얼마든지 깨달을 수 있습니다.

마귀의 열매를 분별하라

성령의 역사는 사랑하고, 오래 참고, 선대하고, 절제하고, 온유한 것이고, 마귀의 역사는 미워하고, 싸우고, 화내고, 욕심내고, 음란한 것입니다. 이것을 분별하는 것은 어려운 일이 아

하나님의 인도하심을 구하라

닙니다. 그러나 우리가 영적인 뿌리를 분별하지 않고 마음을 지키지 않으면 몸은 교회에 나와 있어도 마음은 마귀의 놀이터가 되어버립니다. 그러면 하나님의 뜻을 깨달을 수 없는 상태가 되고 맙니다. 개인의 문제든, 가정의 문제든, 교회의 문제든 어떤 영이 역사하는지 분별이 안 됩니다. 이처럼 마귀에게 마음을 빼앗긴 상태에서는 아무리 하나님의 뜻대로 살고 싶어도 살 수가 없습니다.

갈라디아서 5장에 나오는 육신의 일 열다섯 가지를 다시 한번 살펴보면, 음행, 더러운 것, 호색, 우상 숭배, 주술, 원수 맺는 것, 분쟁, 시기, 분냄, 당 짓는 것, 분열함, 이단, 투기, 술 취함, 방탕함입니다. 그중에 여러분 자신에게 해당하는 것이 있는지 한번 점검해보십시오. 열다섯 가지 중에 하나라도 마음속에 있다면 그것을 정확히 짚고 넘어가야 합니다. 그것은 마귀의 열매입니다. 마귀가 언제 어떻게 자신 안에 역사하였는지는 알 수 없지만, 결과적으로 마음속에 마귀의 열매가 맺혀 있다는 것은 너무나 분명한 것입니다.

우리가 마귀에게 넘어지는 가장 큰 이유는 분별 자체가 안 되었기 때문입니다. 마귀가 자기 속에서 열매 맺고 있음을 깨닫지도 못하고 인정하지도 않으니 대책을 세우지도 못하는 것입니다. 그렇지만 분별하게 되면 이깁니다. '마귀가 내 안에 음란한 마음을 심고 있구나', '마귀가 지금 내 속에 분노를 심어주고 있구나', '마귀가 내 속에 방탕한 마음을 심어주었구나.' 이렇게 깨달으면 그 마음을 품지 않게 됩니다. 뱀을 계속 끌어안고 있을 사람이 어디 있겠습니까? 뱀인 줄 모르니까 끌어안고 있는 것입니다.

안타깝게도 많은 성도들이 이를 깨닫지 못한 채 마귀의 생각을 품고 있습니다. 시기심도 품고, 거짓도 품고, 음욕도 품습니다. 은근슬쩍 우상 숭배도 합니다. 세상 방탕한 것을 즐깁니다. 그러다 어느 한순간에 마귀에게 완전히 사로잡히는 것입니다.

죄의 종노릇 하지 않게 해주세요

어느 집사님이 집에 혼자 있게 되어 음란물 웹사이트에 들어가 음란 영상물을 보고 있는데, 쇼핑을 나간 아내와 아이들이 일찍 귀가하는 소리가 들렸다고 합니다. 놀라 컴퓨터를 끄면서 순간 아내와 아이들이 집에 들어오는 것이 싫은 생각이 들었고 그 순간 화들짝 놀랐습니다. 가족들이 집에 들어오는 것이 싫어지다니요? 그러면서 아주 섬뜩한 느낌을 받았다고 합니다. 그동안 교회에서 음란을 부추기는 악한 영이 있다는 이야기를 들어보기는 했지만, 그것이 실제로 체험되지 않았는데 그날 음란의 영의 실상을 보게 된 것입니다. 자신이 얼마나 심각한 상태에 있는지 깨닫게 되자 그는 음란에서 벗어나기를 간구했습니다.

성령집회 때 어떤 청년이 기도 제목을 가지고 나왔습니다. "더는 죄의 종노릇 하지 않게 해주세요." 짧지만 강력한 기도 제목이었습니다. 그 청년에게 어떤 죄 문제가 있는지는 몰라도 느낌이 왔습니다. 그 청년은 자신이 죄에 종노릇하고 있다는 것을 정확하게 알았고, 그 문제를 해결하기 위해 기도 요청을 했습니다. 그렇기 때문에 청년이 반드시 그 죄에서 놓임을 받을 것이 믿어졌습니다. 왜 그렇습니까? 예수님이 우리를 죄의 종노릇에서 건져주려고 오셨기 때문입니다. 그러나 자기 안에 마귀가 역사하는 것을 분별하지 못하면 자신을 죄의 종노릇하는 데서 건져달라는 기도조차 하지 않을 것입니다.

우리가 '악한 마귀가 나에게 역사하는구나' 하고 정확히 깨달으면 악한 영의 지배에서 벗어나게 됩니다. 하나님의 뜻을 분별하고 "하나님, 저를 이 죄에서 건져주세요. 이 상태에 계속 머물러 있지 않게 해주세요"라고 기도한 다음 대적하면 됩니다. "예수 그리스도 이름으로 명하노니 내게서 떠나가라!" 우리에게 마귀를 대적할 권세가 주어졌습니다. 어린아이라고 해도 모르는 사람이 집안에 함부로 들어오면 "아저씨, 누구예요? 여긴 우리 집인데 왜 들어오세요?"라고 말할 수 있는 권세가 있습니다. 우리 마음의 주인은 예수님이신데 마귀가 들어와 그 자리를 차지하려고 들면 당연히 내쫓아야 합니다.

마귀의 역사를 분별하는 감각

마귀의 역사를 이기려면 우리의 신앙을 고백하고 담대히 선포해야 합니다.

"나의 옛사람이 예수님과 함께 죽었습니다."

> 그리스도 예수의 사람들은 육체와 함께 그 정욕과 탐심을 십자가에 못 박았느니라 갈 5:24

또한 마귀의 생각을 물리쳐달라고 기도만 할 것이 아니라 마귀의 생각을 반드시 대적해야 합니다. 이것은 남이 해주는 것이 아니라 자기 자신이 하는 것입니다. 이제 더 이상 탐심과 정욕을 내 것이라고 품으면 안 됩니다. 어쩔 수 없다고 받아들여도 안 됩니다. 우리의 정욕과 욕심을 십자가에 못 박고 예수 이름으로 대적해서 내쫓아야 합니다. 그러면 반드시 우

하나님의 인도하심을 구하라

리의 마음을 사로잡고 있는 마귀에게서 벗어나게 됩니다. 그리고 점점 마귀가 교묘하게 마음속에 파고드는 순간을 알게 됩니다. 영적으로 잠든 상태였을 때는 마귀가 들어와 역사하는 순간을 분별하지 못합니다. 나중에 마귀의 열매가 마음에 맺히고 나서야 알게 됩니다.

그런데 우리가 보혈로 정결함을 구하고 24시간 주님을 바라보는 동안 우리 안에 마귀의 역사를 분별하는 감각이 자랍니다. 그래서 마귀가 순간적으로 자신의 마음에 어떤 생각을 집어넣을 때 직감적으로 느낍니다. '지금 마귀가 나를 넘어뜨리려고 역사하는구나.' 이것을 분별하여 깨달으면 이깁니다. 주님은 우리가 마귀와의 싸움에서 능히 이길 수 있도록 하나님의 전신갑주를 주셨습니다.

우리는 마귀를 대적할 뿐 아니라 성령의 생각을 적극적으로 품어야 합니다. 우리가 마귀를 대적하고 성령의 이끄심을 따라간다면 우리는 완전히 다른 삶을 살게 됩니다. 갈라디아서 5장의 성령의 열매 아홉 가지 중에 자신에게 맺히기를 원하는 열매가 무엇인지 한번 확인해보십시오. 사랑, 희락, 화평, 오래 참음, 자비, 양선, 충성, 온유, 절제의 사람이 되는 것, 그것이 주님이 여러분에게 맺어주실 열매입니다.

여러분의 마음속에 마귀가 맺은 열매가 있는지 한번 점검해

보고, 반대로 나에게 필요한 성령의 열매가 무엇인지 점검해보십시오. 그리고 그것을 오늘 일기에 꼭 써보십시오. "하나님, 성령의 아홉 가지 열매 중에 지금 저에게 정말 필요한 열매는 이 열매입니다." 그래야 하나님께 그 열매를 구했더니 결국 그 열매가 맺혔다고 간증할 수 있기 때문입니다. 열매는 자신이 맺는 것이 아니라 성령께서 맺어주시는 것입니다.

예수님 안에 거하기를 힘쓰라

어떻게 하면 성령께서 우리에게 그런 열매를 맺게 해주실 수 있습니까? 그 열매를 맺기 원한다면 예수님 안에 거하기를 힘쓰시기 바랍니다.

> 내 안에 거하라 나도 너희 안에 거하리라 요 15:4

왜 그렇게 말씀하셨을까요?

> 나는 포도나무요 너희는 가지라 그가 내 안에, 내가 그 안에 거하면 사람이 열매를 많이 맺나니 나를 떠나서는 너희가 아무것도 할 수 없음이라 요 15:5

예수님 안에 거하지 않으면 결코 성령의 열매가 맺어지지 않습니다. 만약 여러분이 교회를 오래 다녔는데도 성령의 열매가 없다면 그 이유는 하나입니다. 교회만 열심히 다녔지 예수님 안에 거하는 삶을 살지 않아서 그런 것입니다. 주님이 내 안에 거하셔야 그토록 소원하던 열매가 맺히는 것을 볼 수 있습니다. 그러나 주님 안에 거하지 않는 사람은 열매가 없어서 나중에 버림받게 됩니다.

사람이 내 안에 거하지 아니하면 가지처럼 밖에 버려져 마르나니 사람들이 그것을 모아다가 불에 던져 사르느니라 요 15:6

우리가 정말 예수님 안에 거하기 원하면 우리 속에 사랑이 일어납니다. 여러분이 압니다. 그것이 여러분에게 없던 사랑이라는 것을. 기쁨, 화평, 오래 참음, 자비, 양선, 충성, 온유, 절제, 다 마찬가지입니다. 그러므로 성령의 열매를 맺으려고 노력하기보다 예수님 안에 거하기를 힘써야 합니다.

예수님 안에 거하지 않으면서 경건하게 살아보려고 노력하는 사람들이 있습니다. 그러면 다 실패합니다. 교회를 열심히 다니고 교회에서 직분을 맡아 중요한 일도 감당하고 있는데 얼굴이 굳어져 갑니다. 실제로는 종교생활을 하는 것입니다.

형식적이고 율법적인 신앙으로는 기쁨도 사랑도 온유도 열매 맺지 못합니다. 이런 상태에서는 하나님의 뜻을 분별하기가 어렵습니다. 반면에 사랑, 희락, 오래 참음, 자비, 충성, 온유, 절제의 성령의 열매가 많이 맺어진 사람은 하나님의 뜻이 쉽게 분별됩니다. 성령께서 그 안에서 자유롭게 역사하시는 상태이기 때문입니다. 이것이 우리가 마음을 지켜야 하는 가장 중요한 이유입니다.

하나님의 뜻을 찾아가는 마음

한국컴패션 대표 서정인 목사님이 쓴 책《고맙다》(규장)에 나오는 이야기입니다. 목사님이 백혈병에 걸린 아이에게 골수이식을 해준 적이 있었습니다. 골수이식 자체도 힘든 일이었는데, 그 당시 의료사고까지 나서 큰일날 뻔한 어려움을 겪었습니다. 그런데 얼마 후 그 아이의 병이 재발하여 아이의 부모가 간절히 원하니 골수이식을 다시 해줄 수 없겠느냐고 병원에서 연락이 왔습니다.

목사님은 지난번 골수이식으로 겪은 어려움 때문에 다시 해주고 싶은 마음이 들지 않았습니다. 문제는 다시 이식을 한다 해도 아이가 살 확률이 1퍼센트밖에 안 되고, 아내를 비롯해

하나님의 인도하심을 구하라

서 주위에서도 골수이식에 반대하고 있었습니다. 그래서 하지 않겠다고 병원에 통보하였지만, 마음 한편에 부담감이 있어서 만나는 사람마다 유도 질문을 하여 이번에는 하지 않아도 된다는 확인을 얻었다고 합니다. "그럼요, 어떻게 두 번이나 하겠어요", "목사님, 하지 마세요. 지난번에 하신 것도 대단하세요", "목사님, 잘하셨어요. 몸도 약하시고 할 일도 많으신데요."

그중에 어느 장로님께 골수이식 수술을 해달라는 두 번째 요청이 왔는데 주변에서 하도 말려서 안 하기로 했다고 이야기하자 의외로 그 장로님께서 "목사님, 하시지요!"라고 하였습니다. 서정인 목사님은 괜히 말했나 싶은 생각이 들 정도로 가슴이 철렁 내려앉았다고 합니다. 장로님은 "제 큰아이가 백혈병으로 오래전에 세상을 떠났습니다. 그 아이 부모의 심정은 말할 수 없이 힘들 것입니다. 그 아이가 살고 죽는 것을 떠나 그 아이와 부모에게 하나님의 사랑을 전하는 기회가 되지 않겠습니까?"라고 말했다고 합니다.

목사님이 답답한 마음으로 기도하는데, 하나님께서 갑자기 이런 마음을 주셨습니다. '만약 그 아이가 네 딸이었다면 그 아이를 포기할 수 있겠느냐? 설령 1퍼센트의 가능성밖에 없다고 해도 말이야.' 그다음 하나님의 말씀이 마음을 울렸다고 합니다. '그 아이는 내 것이다!' 더는 어떻게 해볼 도리 없이 목사님은 하나님의 음성에 순종하기로 했습니다.

그리고 병원에 있는 아이의 부모에게 편지를 썼습니다. '부끄러운 목사'라는 제목으로 그간의 마음과 상황을 솔직히 적었습니다. "제가 특별히 믿음이 좋고 사랑이 많아서 결심한 것이 아닙니다. 솔직히 너무 하기 싫었고 두려운 마음도 들었지만, 하나님의 마음에 항복하여 골수이식을 하기로 한 것입니다." 그리고 편지 말미에 이렇게 썼습니다.

"하나님 외에 기적을 행하실 이는 없습니다. 우리 예수님께 매달립시다. 아이가 죽고 사는 것은 하나님이 정하셨다고 믿습니다. 이제 정말 예수님을 붙잡읍시다."

얼마 후 아이의 엄마에게 답장이 왔습니다. 다섯 장이나 되는 긴 편지에 눈물 자국이 번져 있었습니다. "한 번도 아니고 두 번이나 저희 아이를 위해 골수이식을 해주셔서 감사합니다. 아이가 무균실에서 너무 고통스러워해서 감사 편지를 쓸 겨를도 없었습니다. 목사님이 이야기하는 예수님이 누구인지는 모르지만, 저도 매달리겠습니다. 기도하겠습니다." 그렇게 골수이식을 하고 아이가 기적처럼 살아났습니다. 그 후 온 가족이 교회를 다니게 되었고, 그 아이의 아버지도 다른 아이에게 골수이식을 해주었다고 합니다.

하나님의 인도하심을 구하라

서정인 목사님은 "고맙다!"라고 하시는 하나님의 음성을 듣게 되었고, 이 책의 제목이 여기에서 나온 것입니다. 우리가 하나님의 뜻을 알고 순종하도록 예수님 안에 거하고 주님이 우리 안에 거하시는 은혜를 누리게 하시니 감사해야 하는 것이 당연한데, 하나님께서 오히려 우리에게 순종해줘서 고맙다고 하신다는 것입니다. 이 간증을 읽으며 우리가 하나님의 뜻을 찾아가는 과정에서 마음이 얼마나 중요한 역할을 하는지 깨달았습니다. 마귀가 이끄는 대로 가지 않고 성령께서 이끄시는 대로 항상 내 마음을 지키면 하나님이 무엇을 원하시는지가 선명해집니다. 그렇지 않으면 하나님의 뜻은 오리무중입니다.

매일 24시간이 아니면 안 되는 이유

어느 교인이 동네에서 다리가 불편한 분이 양쪽 목발을 짚고 힘겹게 슈퍼에 가는 것을 자주 보았습니다. 안쓰러운 마음에 한번은 그 분에게 이렇게 힘들게 나오지 마시고 품목만 적어주시면 대신 장을 봐드리겠다고 제안했습니다. 그러자 "마음은 정말 감사한데 이렇게라도 하루에 한 번씩 걷지 않으면 저는 영영 다리를 못 쓰게 됩니다. 어느 때는 장을 보다가 화장

실에 빨리 가지 못해 실수한 적도 있지만, 매일 이렇게 나와 걸어야 그나마 다리 기능을 유지할 수 있습니다. 그래서 제가 매일 시장을 나옵니다"라고 말했습니다.

여러분, 영적으로도 마찬가지입니다. 우리가 마귀의 생각을 따라가지 않고 성령을 따라가려고 애쓰는 일을 매일 하지 않으면 어느 순간 우리는 마귀에게 마음을 사로잡힙니다. 우리가 "24시간 주님을 바라보자", "매일 예수동행일기를 쓰자", "그것을 매일 나누자"라고 하는 데는 다 이유가 있습니다. 영적으로 항상 깨어 살아 있는 사람이 되어야 합니다. 그렇지 않으면 우리는 금세 마귀와 육신에 이끌려 살게 됩니다. 나중에는 영적 판단을 하지 못하고 영적 인지 능력을 상실해버립니다. 이것이 마귀의 역사인지 성령의 역사인지 분별하지 못하고 가정과 교회가 다 망가집니다.

주님의 뜻대로 살아가기 위해서는 무슨 일이 있어도 주님 안에 거해야 합니다. 여러분의 마음을 지켜야 합니다. 마귀가 주는 생각은 단호하게 거절해야 합니다. 매일 갈라디아서 5장을 읽으십시오. 성령께서 주시는 생각은 아주 작은 소리라도 곧바로 붙잡아야 합니다. 육신을 따라 살던 사람에게는 이 일이 처음에 힘들게 느껴지지만, 나중에는 반드시 말할 수 없는 자유를 누리게 됩니다. 사랑하는 아버지의 손을 잡고 걸

하나님의 인도하심을 구하라

으며 이야기하며 교제하는 기쁨을 알게 됩니다. 그리고 반드시 하나님의 뜻대로 살게 됩니다.

무슨 일이 있어도 성령이 이끄시는 대로 따라가야 합니다. 그러면 하나님의 역사가 일어나고, 여러분의 삶에 간증이 풍성할 것입니다. 여러분, 무슨 일이 있어도 주님 안에 거해야 합니다.

prayer points ‖‖

1 마음을 사로잡고 있는 마귀의 생각을 분별하고 벗어나게 하소서. 어려서부터 듣고 본 것 중에 주님으로부터 오지 않은 것들은 보혈로 씻어주소서.

2 성령께서 주시는 생각을 분별하게 하소서. 오직 성령님의 생각을 품고 순종하게 하소서. 그리하여 가정에서부터 성령의 열매가 맺어지게 하소서.

3 이제부터 오직 예수님 안에 거하고 예수님만 바라보며 살게 하소서.

재정에 대하여 하나님의 인도하심을 받으라

13 집 하인이 두 주인을 섬길 수 없나니 혹 이를 미워하고 저를 사랑하거나 혹 이를 중히 여기고 저를 경히 여길 것임이니라 너희는 하나님과 재물을 겸하여 섬길 수 없느니라 14 바리새인들은 돈을 좋아하는 자들이라 이 모든 것을 듣고 비웃거늘 15 예수께서 이르시되 너희는 사람 앞에서 스스로 옳다 하는 자들이나 너희 마음을 하나님께서 아시나니 사람 중에 높임을 받는 그것은 하나님 앞에 미움을 받는 것이니라

누가복음 16:13-15

하나님의 인도하심을 구하라

재물이 가진 영적 위험성

주님과의 관계가 어떠한지는 재정 문제에서 가장 정확히 드러납니다. 코로나19로 재정적 어려움을 호소하는 분들이 많지만, 꼭 코로나19가 아니더라도 재정 문제는 늘 우리가 겪는 어려운 문제입니다. 목회자인 저에게도 재정은 큰 문제였고, 성도의 삶에서도 재정은 언제나 심각한 문제였습니다. 제 기억에 의하면 재정적인 문제가 없었던 적은 없었던 것 같습니다. 경제적인 문제는 우리가 겪게 되는 여러 문제 중 하나가 아니라 우리 신앙의 실상을 가장 정확히 드러내 보여주는 문제입니다.

이따금 하나님이 정말 복을 주시는지 회의가 들 때가 있습니다. 재정적인 어려움을 겪는 그리스도인들이 너무 많기 때문입니다. 하나님은 정말 재정적으로도 복을 주시는 분일까요? 하나님을 믿지 않는 사람들이 훨씬 더 많은 부를 가진 것을 볼 때 더 그런 마음이 듭니다. 그러나 재정의 복도 분명히 성경적인 복이며 하나님께서 주시는 복이 맞습니다. 부모가 자녀들이 풍족하게 살기를 바라는 것처럼 하나님께서도 우리가 풍족하게 살기를 바라시고, 그렇게 하실 능력도 있으십니다. 천지가 다 하나님의 것이기 때문입니다.

그런데 하나님은 하나님의 자녀에게 무조건 재정적인 부유함을 주시지는 않습니다. 오히려 재정적인 연단을 주실 때가 많습니다. 하나님께서 이처럼 재물로 연단하시는 것은 재물이 가진 영적 위험성 때문입니다. 재정 때문에 마귀에게 사로잡히는 사람이 많은 것입니다.

성경을 읽어보면 하나님께서 재정의 복을 주신 사람들은 한결같이 재정에 대한 연단을 받았음을 알 수 있습니다. 복의 근원이라는 아브라함도 오랜 기간 연단을 받았고, 야곱도, 요셉도, 다윗도 연단을 받았습니다. 가장 대표적인 경우가 욥입니다. 당대의 큰 부자였던 욥은 그의 모든 소유를 하루아침에 다 잃어버렸습니다. 그 배경에 마귀가 있었습니다. 사탄이 하나님 앞에서 욥을 이렇게 참소합니다.

사탄이 여호와께 대답하여 이르되 욥이 어찌 까닭 없이 하나님을 경외하리이까 … 이제 주의 손을 펴서 그의 모든 소유물을 치소서 그리하시

하나님의 인도하심을 구하라

사탄이 사람에 대하여 참소하기를, 사람은 하나님이 잘해주시면 하나님을 믿고, 잘해주시지 않으면 하나님을 떠나는 존재라는 것입니다. 마음이 뜨끔할 정도로 정곡을 찌르는 말입니다. "하나님, 하나님이 잘해주시니 하나님을 찬양하고 충성도 하는 거예요. 재정을 한번 거둬가보세요. 다 하나님을 저주하고 떠나버릴 것입니다." 여러분, 신앙생활을 잘하고 있는데, 이상하게 재정적인 어려움이 닥쳤다면 명심해야 합니다. 마귀가 "너, 이래도 하나님을 믿을 거니?"라고 말하는 상황이라는 것입니다. 예전에는 잘 몰랐더라도 이제는 명심해야 합니다. 하나님을 잘 믿으려고 애를 쓰는데 경제적인 어려움을 당하는 반면, 방탕하며 온갖 죄를 짓고 사는데도 오히려 풍요롭게 사는 사람을 볼 때 우리의 믿음에 시련이 옵니다. 따라서 이럴 때 하나님의 인도하심을 잘 받아야 합니다.

재정에 대한 하나님의 인도하심

재정에 있어서 우리를 향한 하나님의 인도하심에는 크게 세 가지가 있습니다.

첫째, 탐심을 버려라

첫째는 탐심을 버리라는 것입니다. 하나님께서 재정으로 우리를 연단하시는 가장 중요한 이유는 탐심 때문입니다. 탐심은 마귀의 역사입니다. 돈에는 반드시 영적인 역사가 따라옵니다. 돈에 대한 욕심이 생기는 것, 그것이 마귀가 역사하는 증거입니다. 여러분, 정직하게 대답해보시기 바랍니다. 부자가 되고 싶으십니까? 그렇다면 파멸과 멸망에 빠지게 될 위험이 생겼음을 알아야 합니다.

> 부하려 하는 자들은 시험과 올무와 여러 가지 어리석고 해로운 욕심에 떨어지나니 곧 사람으로 파멸과 멸망에 빠지게 하는 것이라 딤전 6:9

그러므로 부자가 되려는 마음에 대하여 영적인 분별을 해야 합니다. 여러분에게도 돈을 사랑하는 마음이 있을 것입니다. 예전 같으면 '사람이면 다 돈을 사랑하지 돈을 좋아하지 않는 사람이 누가 있어?'라고 생각하고 아무렇지도 않게 넘겼을 수 있을 것입니다. 그러나 이제는 돈을 사랑하는 것이 일만 악의 뿌리(딤전 6:10)임을 명심해야 합니다. 탐심은 우상 숭배(골 3:5)라고 했습니다. 다시 말해, 탐심은 마귀를 숭배하는 것이라는 말씀입니다. 그렇기 때문에 재물에 대한 마음이 준비되지 않은 상태에서는 하나님이 우리에게 재물을 마음껏 주실 수가 없는 것입니다. 탐심이 있는 사람, 부자가 되고 싶은 사람, 돈을 사랑하는 사람에게 재물은 복(福)이 아니라 독(毒)이기 때문입니다.

아브라함의 조카 롯은 물이 넉넉한 소알 땅을 택했습니다. 그러나 풍요에 대한 갈망 때문에 아내도 재산도 다 잃게 됩니다. 여리고 성이 무너졌을 때 여리고 성의 재물을 취하여 숨겼던 아간과 그 집안사람들은 다 죽임을 당합니다. 엘리사의 종 게하시는 절대 예물에 손대지 말라는 당부에도 나아만 장군을 좇아가 재물을 탐하다가 나병에 걸리고 맙니다. 아나니아와 삽비라는 소유를 팔아 교회에 헌금해놓고 아까운 마음에 그중 얼마를 감추었다가 죽음에 이릅니다. 그때 베드로가 아나니아에게 "어찌하여 사탄이 네 마음에 가득하냐"라고 질책했습니다. 이것이 바로 탐심의 영적 실상입니다.

하나님과 재물은 겸하여 섬길 수 없다

여러분, 우리가 하나님께 "하나님, 재정의 어려움이 너무 큽니다. 빨리 재정을 회복해주세요. 약속하신 풍요함의 복을 주세요"라고 기도할 수 있지만, 먼저 자신 안에 돈을 사랑하고 부자 되려는 마음, 곧 탐심이 있는지 스스로 살펴야 합니다. 마귀가 마음에 가득한 상태에서 부유해진다면 그 사람은 완전히 파멸할 것입니다.

주님은 이렇게 말씀하십니다.

> 집 하인이 두 주인을 섬길 수 없나니 혹 이를 미워하고 저를 사랑하거나 혹 이를 중히 여기고 저를 경히 여길 것임이니라 너희는 하나님과 재물을 겸하여 섬길 수 없느니라 눅 16:13

하나님과 재물은 절대로 겸하여 섬길 수 있는 대상이 아닙니다. 마음에 돈을 사랑하는 탐심이 있다면 그 사람은 이미 재물을 섬기고 있는 것입니다. 이 말을 들은 바리새인들이 예수님을 비웃었습니다. 성경은 이에 대하여 바리새인들이 돈을 좋아하는 자들이라서 그렇다고 말씀합니다(눅 16:14). 바리새인은 하나님의 율법을 철저하게 지키기로 소문난 사람들입니다. 그런데 성경은 그들이 '돈을 좋아하는 사람들'이라는 것입니다. 이처럼 겉으로는 하나님을 잘 믿는 것 같아도 속으로는 돈을 좋아할 수 있다는 사실이 두려운 일입니다.

이런 사람을 율법주의자라고 말합니다. 왜 율법주의자들이 돈을 좋아할까요? 이유는 그들에게 은혜의 개념이 없기 때

하나님의 인도하심을 구하라

문입니다. 그들은 자기들이 복을 받는 이유가 하나님 앞에 복받을 만한 일을 했기 때문이라고 생각합니다. 그리고 자기들이 복을 받았다면 복을 받은 증거가 분명히 나타나야 한다고 생각합니다. 따라서 그들에게 부자가 되는 일은 대단히 중요한 문제입니다. 만약에 자신들이 가난하다면 하나님이 자기를 사랑하지 않으신다는 증거이고, 자기가 하나님의 말씀대로 살지 않았다는 의미로 받아들이기 때문입니다. 하나님과의 사이를 철저한 거래 관계로 인식하는 것입니다. 그래서 율법주의자, 바리새인들이 돈에 목을 매는 것입니다.

부자 청년이 예수님에게 영생을 구할 때 예수님은 소유를 팔아 가난한 자들에게 주고 나를 따르라고 하셨습니다(마 19:21). 영생을 얻을 수 있는 너무나 귀한 초청을 받았지만, 청년은 그 말로 인해 근심하며 돌아가버리고 말았습니다. 재물 때문에 영생도 포기한 것입니다. 이것 때문에 하나님께서 우리를 먼저 재정으로 연단하시고 탐심을 버리게 하시는 것입니다.

하나님이 주목하시는 교회의 기준

교회도 탐심이 가득할 수 있습니다. 그런 교회는 더 이상 교회라고 할 수 없습니다.

만일 너희 회당에 금가락지를 끼고 아름다운 옷을 입은 사람이 들어오고 또 남루한 옷을 입은 가난한 사람이 들어올 때에 너희가 아름다운 옷을 입은 자를 눈여겨보고 말하되 여기 좋은 자리에 앉으소서 하고 또 가난한 자에게 말하되 너는 거기 서 있든지 내 발등상 아래에 앉으라 하면 너희끼리 서로 차별하며 악한 생각으로 판단하는 자가 되는 것이 아니냐

약 2:2-4

야고보 사도의 이 말씀은 당시 교회 공동체에게 하는 말씀입니다. 교회에 부자가 들어오면 대접을 받았습니다. 교인들이 다 좋아하고 그를 상석(上席)에 앉힙니다. 그런데 가난한 사람이 들어오면 거들떠보지도 않았습니다. 서 있든지 앉든지 관심도 없습니다. 초대교회에서도 이런 문제가 있었다는 것입니다. 왜 이런 문제가 생긴 것입니까? 성도들이 여전히 세상 기준으로 서로를 판단하였던 것입니다. 소유가 많고 적음에 따라 사람을 차별하는 것입니다. 이것은 세상에 속한 사람의 마음이자 악한 생각입니다. 그러면 더 이상 교회 공동체라고 할 수 없습니다. 한국 교회는 이 문제를 극복하였을까요? 과연 하나님은 어떻게 생각하실까요?

내 사랑하는 형제들아 들을지어다 하나님이 세상에서 가난한 자를 택하

사 믿음에 부요하게 하시고 또 자기를 사랑하는 자들에게 약속하신 나라를 상속으로 받게 하지 아니하셨느냐 너희는 도리어 가난한 자를 업신여겼도다 부자는 너희를 억압하며 법정으로 끌고 가지 아니하느냐 그들은 너희에게 대하여 일컫는 바 그 아름다운 이름을 비방하지 아니하느냐 약 2:5-7

사람들은 부자를 주목하지만 하나님은 오히려 가난한 자를 택하십니다. 이 점이 정말 중요합니다. 우리의 관심이 부자냐, 가난하냐에 있지 않아야 합니다. 우리가 진짜 구원받은 하나님의 자녀인가, 우리 교회가 진정 예수님께서 내 교회라고 말씀하시는 천국 공동체인가 하는 것이 중요합니다.

하나님의 말씀대로 살기 위한 선택

내가 네 환난과 궁핍을 알거니와 실상은 네가 부요한 자니라 계 2:9

예수님은 아주 가난한 서머나교회를 부요하다고 하셨습니다. 이처럼 세상 기준으로 보는 것과 하나님이 보시는 기준은 완전히 다릅니다. 우리는 돈 많은 사람을 부자로 봅니다. 그러나 주님은 세상적으로 부요한 라오디게아교회에 대하여 이렇게 말씀합니다.

네가 말하기를 나는 부자라 부요하여 부족한 것이 없다 하나 네 곤고한 것과 가련한 것과 가난한 것과 눈먼 것과 벌거벗은 것을 알지 못하는도다
계 3:17

라오디게아교회는 대단히 부자 교회였지만 주님이 보시기에는 너무나 가난하고 불쌍하였습니다. 이처럼 세상의 눈으로 보는 것과 하나님이 보시는 것이 완전히 다르다는 것을 알아야 합니다. 세상은 돈 많은 사람을 대우합니다. 호텔이나 백화점에 가면 돈 많은 사람이 대접을 받고, 더 많은 혜택을 누립니다. 그 사람이 돈을 많이 소비하니 대우를 받는 것이 당연하다고 생각하고 그것이 악하다고 생각하지 않습니다. 그러나 교회는 달라야 합니다. 교회가 세상과 같으면 어떡합니까. 그러므로 우리 마음에 돈 많은 사람과 가난한 사람을 보는 기준이 달라졌는지, 탐심, 곧 돈을 좋아하고 부자 되고 싶은 마음이 여전히 남아 있는지 살펴야 합니다.

하나님의 말씀대로 살기 위해서 세상에서 부유하게 살지 못했다면 정말 잘된 것입니다. 그 사람은 하나님나라에서 받을

상급이 매우 클 것입니다. 하나님의 말씀대로 살았는데 세상에서 부유하게 살았다면 그것을 나쁘다고 말할 수는 없습니다. 그러나 하나님 앞에서 받을 상이 적을 수도 있다는 것을 알아야 합니다. 세상에서 이미 상을 받았기 때문입니다. 백 년도 못 사는 세상에서 상을 받는 것과 영원한 하나님나라에서 상을 받는 것은 비교가 되지 않는 일입니다.

그러나 이 땅에서 부유하게 살고 싶어서 하나님의 말씀대로 살지 못했다면 그것은 끔찍한 일입니다. 정말 울고 통곡할 일입니다. 이것을 명확히 아는 사람에게 하나님께서 재정의 복을 맡기시는 것입니다. 다시 말하지만 탐심 때문에 하나님께서 우리에게 재정적인 복을 주실 수 없는 것입니다.

하나님보다 돈을 의지하게 하는 힘

미국 갈보리채플의 척 스미스(Chuck Smith) 목사님이 처음 교회를 개척했을 때 일입니다. 새로 예배당을 짓고 싶었지만, 재정적으로 어려웠습니다. 그러던 어느 날 눈여겨보던 땅이 매물로 나왔는데, 한 부자가 목사님에게 건축비 명목으로 백만 달러를 헌금하겠다고 하며 그 땅을 계약하라고 하였습니다. 그 당시 백만 달러면 엄청나게 큰돈입니다. 그런데 척 스미스 목사님은 마음이 편치 않았다고 했습니다. 그 땅을 달라고 하나님께 기도하지 않았는데 부자가 엄청난 제안을 해온 것이 마음에 걸린 것입니다.

하나님께 기도해보고 답을 드리겠다고 하고 그를 돌려보내고 나서 목사님이 하나님께 기도하는데 그 부자의 헌금을 받으면 안 되겠다는 마음이 들었다고 합니다. 그 돈을 받으면 이것이 하나님의 역사인지, 아니면 그 부자의 개인적인 호의에 불과한 것인지 모르겠다는 생각이 든 것입니다. 기도를 먼저 했다면 그것을 하나님의 공급하심으로 믿을 수 있었겠지만 지금은 자신이 하나님보다 이 부자를 더 의지하게 될 것이 두려웠습니다. 결국 하나님의 허락하심이 없는 것 같아 그 돈을 받을 수 없다고 거절하였습니다.

이 일화를 읽었을 때 저는 신학교를 졸업하고 이제 막 목회를 시작할 무렵이었습니다. 그때 저는 척 스미스 목사님을 이해할 수 없었습니다. '기도하기 전인지 후인지가 뭐 그리 중요한가? 그렇게 큰돈을 헌금하는 교인이 있어서 그 땅을 살 수 있다면 그것을 하나님의 역사라고 믿으면 되지!' 그런데 지금은 척 스미스 목사님이 무엇을 우려했는지 이해할 수 있을 것 같습니다.

돈에는 아주 무서운 마귀적인 힘이 있습니다. 돈을 의지하

하나님의 인도하심을 구하라

고 사람을 의지하도록 사로잡는 힘이 있습니다. 척 스미스 목사님이 바로 그 영적 역사를 느낀 것입니다. 기도하고 응답받은 것이 아니라 돈부터 생긴 것이 척 스미스 목사님을 긴장하게 만들고 대단히 위험하다고 생각하게 한 것입니다. 돌이켜보니 탐심은 목사의 마음에도 무섭게 역사한다는 것을 깨닫습니다. 절대로 이 문제를 작게 생각해서는 안 됩니다. 결국 척 스미스 목사님은 그 돈을 포기하였습니다. 그런데 그다음에 정말 놀랍게도 하나님께서 전혀 빚지지 않고 그 땅에 예배당을 짓게 해주셨습니다.

하나님의 테스트

재정적 어려움을 겪는 것보다 훨씬 더 심각하고 무서운 문제는 돈 때문에 영혼을 팔고 마귀의 종이 되는 일입니다. 야고보 사도는 여러 가지 시험을 만나거든 온전히 기쁘게 여기라(약 1:2)고 했습니다. 그런데 부한 자들에게는 울고 통곡하라고 합니다.

> 들으라 부한 자들아 너희에게 임할 고생으로 말미암아 울고 통곡하라
> 약 5:1

이것이 맞는 말입니까? 여러 가지 시험을 만난 사람이 울고 통곡해야 하고, 부한 자들은 온전히 기쁘게 여겨야 하는 것 아닙니까? 그런데 완전히 반대로 말합니다. 탐심이 있는 자가 부유함을 얻게 되었을 때 그 영혼이 궁극적으로 처할 상황이 너무 두렵기 때문입니다.

> 너희 재물은 썩었고 너희 옷은 좀먹었으며 너희 금과 은은 녹이 슬었으
> 니 이 녹이 너희에게 증거가 되며 불같이 너희 살을 먹으리라 너희가 말
> 세에 재물을 쌓았도다 약 5:2,3

돈을 많이 모아두는 것은 절대 복이 아닙니다. 우리 안에 돈에 대한 욕심, 탐심이 없어졌느냐 하는 것은 하나님이 우리를 어떻게 쓰실지를 결정하는 중요한 조건이기 때문입니다.

부산에 호주 선교사들이 세운 일신기독병원이 있습니다. 어느 날 호주 선교사들이 한국인에게 병원 경영을 맡겨야 할 때가 왔다고 판단했습니다. 그러나 누구에게 병원 경영을 맡겨야 할지 알 수 없었습니다. 그래서 테스트를 하기로 하였습니다. 한국 직원들과 한 사무실에서 일하는 선교사가 책상 위에 돈 얼마를 두고 먼저 퇴근한 것입니다. 그리고 다음 날 남아 있던 직원들이 그 돈을 어떻게 했는지 확인한 것입니다. 그

런 테스트를 거쳐서 돈에 대해 정직한 사람, 탐심이라는 마귀의 충동을 이겨낼 수 있는 사람이 누군지 가려내고 병원 경영을 맡길 한국 책임자를 택했다는 것입니다. 지금도 하나님은 우리에게 재정에 대해 테스트를 하십니다. 우리가 돈을 어떻게 사용하는지 하나님이 다 아신다는 것을 항상 명심해야 합니다.

둘째, 염려하지 말라

우리는 늘 크고 작은 염려를 하며 살아갑니다. 그런데 하나님은 반복해서 염려하지 말라고 말씀하십니다. 염려의 뿌리가 악한 영의 역사이기 때문입니다.

너희는 스스로 조심하라 그렇지 않으면 방탕함과 술 취함과 생활의 염려로 마음이 둔하여지고 뜻밖에 그날이 덫과 같이 너희에게 임하리라
눅 21:34

실제로 우리는 염려 때문에 하나님의 일을 하지 못합니다. 염려 때문에 하나님의 말씀에 순종하지 못하고 염려 때문에 주위 사람들을 돌아볼 여유를 갖지 못합니다. 우리는 염려가

자연스러운 일이라는 생각을 버려야 합니다. 염려하는 것은 영적으로 심각한 문제가 생긴 것입니다. 무슨 문제입니까? 하나님이 언제나 우리와 함께하시며 우리의 좋은 아버지라는 사실을 믿지 못하는 것입니다. 그러니까 마음에 염려가 되는 것입니다.

여러분, 여러분의 자녀들이 내일 아침밥 먹을 것을 염려합니까? 아이들은 가진 것이 없어도 내일 아침에 일어나면 식탁 위에 밥이 차려져 있을 거라고 생각합니다. 이런 믿음이 얼마나 놀랍습니까? 어른들에게는 없는 믿음입니다. 아이들은 졸리면 자고 눈 뜨면 먹을 것을 찾습니다. 식탁에 가서 앉으면 밥을 먹을 수 있을 거라고 생각합니다. 함께 사는 엄마 아빠가 자신을 먹일 거라고 믿는 것입니다.

우리가 예수님을 믿고 영혼이 구원받은 후 우리가 받은 가장 놀라운 복은 하나님이 우리의 아버지가 되신다는 것입니다. 그렇다면 우리도 우리의 자녀들처럼 먹고 입고 사는 것에 대해 염려하지 않는 것이 정상일 것입니다. 그래서 예수님께서 무엇을 먹을까 무엇을 마실까 무엇을 입을까 염려하지 말고 먼저 하나님의 나라를 위해 기도하라고 말씀하신 것입니다.

하나님의 인도하심을 구하라

부유해도 가난해도 마음에 시험이 없는 상태

하나님께서 우리 아버지이심을 믿으면서도 우리가 계속 돈에 대하여 염려한다면 정말 조심해야 합니다. 우리도 문제이지만 우리의 자녀들을 생각해야 합니다. 예수님을 믿는다는 부모가 계속 돈 걱정 하는 것을 보는 자녀들은 그 사실을 어떻게 받아들이겠습니까? 교회만 열심히 다닌다고 자녀들에게 저절로 신앙이 전해지지는 않습니다. 염려하며 사는 것은 자녀들에게 예수님을 믿어도 아무 소용없다고 말하는 것과 같습니다.

제 딸이 중학교 때 선생님이 "기도 제목 세 가지를 말해보라"고 했답니다. 그 때 제 딸이 말한 첫 번째 기도 제목이 "우리 교회 빚을 갚아주세요"였습니다. 확실히 담임목사 딸답지 않습니까? 당시 제가 예배당 건축 부채상환 문제로 힘들어하던 때였는데, 나중에 그 말을 전해 듣고 무척 마음이 아팠습니다. 목사인 아빠가 중학생이 되는 딸에게 돈 걱정을 하게 했다는 생각이 들었기 때문입니다. 우리는 이렇듯 알게 모르게 주위에 영적 영향력을 끼칩니다. 그중에서 염려는 정말 무서운 영향력입니다.

사도 바울은 비천에 처할 줄도 알고 풍부에 처할 줄도 아는 일체의 비결을 배웠다고 했습니다.

나는 비천에 처할 줄도 알고 풍부에 처할 줄도 알아 모든 일 곧 배부름

과 배고픔과 풍부와 궁핍에도 처할 줄 아는 일체의 비결을 배웠노라

빌 4:12

이것이 바로 예수 믿는 사람의 고백입니다. 가난해도 좋고,
부자가 되어도 실족하지 않습니다. 그에 맞추어 사는 법을 배
웠기 때문입니다. 그 비결은 "내게 능력 주시는 자 안에서 내
가 모든 것을 할 수 있느니라"(빌 4:13)라는 말씀에 있습니다.
예수님 안에 거하기 때문에 가난해도 상관없고, 부유해도 마
음에 시험이 없다는 것입니다. 이것이 바로 예수님을 진짜 믿
을 때 우리 안에서 일어나는 역사입니다.

염려하지 않고 사는 훈련

여러분은 돈과는 비교할 수 없이 더 크신 주님을 믿었으니 마
음속에 있던 세상 염려가 다 사라졌습니까? 저도 가족을 먹이
고 입힐 방법이 없어서 3개월 동안 하나님 앞에 기도만 했던
때가 있었습니다. 교회에서 주는 사례비를 건축헌금으로 작정
하고 1년 동안 생활비 없이 살아보기도 했습니다. 엄청난 예
배당 건축비의 이자도 상환하지 못할 지경이 되어 부도 위기에

하나님의 인도하심을 구하라

몰렸을 때 심장 쇼크가 온 적도 있었습니다.

그런 재정적 위기 상황에 처할 때마다 그것을 이겨낼 수 있었던 비결은 로마서 6장 3,4절과 갈라디아서 2장 20절에서 증거하는 '나는 죽고 예수로 사는' 신앙이었습니다. 복음으로 살지 않으면 염려를 이길 수 없었습니다. 하나님은 우리에게 염려하지 않고 사는 훈련을 시키십니다. 주님을 바라보는 눈을 분명히 뜨게 하시는 것입니다.

한 교회가 필리핀 단기선교를 갔을 때 일입니다. 필리핀에 도착해서 짐을 풀었는데 재정을 담당하는 집사님이 선교 여행 경비를 넣어둔 봉투를 분실하는 사고가 생겼습니다. 이제 막 시작한 선교를 어떻게 진행해야 할지 막막했습니다. 결국 각자 가지고 있던 비상금을 다 모아 가까스로 선교 여정을 감당할 수 있었습니다.

그리고 귀국하는 날 공항으로 가는 택시를 불렀는데, 마침 처음 공항에 도착했을 때 숙소까지 데려다준 바로 그 택시였습니다. 재정 담당 집사가 혹시나 하는 마음에 택시 뒷자리 의자 틈에 손을 넣었다가 잃어버렸던 봉투를 발견했습니다. 너무 놀랍고 신기했습니다. 그 택시가 계속 영업을 했지만 누구도 발견하지 못한 것입니다. 단기 선교팀은 잃어버렸던 돈을 찾고 흥분을 감추지 못했습니다. 되찾은 돈을 어떻게 쓸지

의논하다가 현지 학교 설립 후원금으로 헌금하기로 만장일치로 결정하였습니다.

귀국하는 비행기 안에서 나눔의 시간을 가졌는데 간증이 풍성했다고 합니다. 선교 팀원 한 분은 돈을 잃어버리고 비상금까지 다 털어내고 나자 마음에 딱 정리가 되면서 다른 잡생각이 사라지고 오직 주님만 바라보고 현지인들을 섬기며 기도하고 복음 전하는 것에만 전념할 수 있었다고 했습니다. 그러지 않았다면 계속 쇼핑할 생각을 했을 거라고 고백하였습니다.

하나님께서는 때때로 재정에 대해 "정말 이렇게까지 하셔야 하나?" 싶은 생각이 들 정도로 몰아가실 때가 있는데, 그것은 오직 하나 주님만 바라보라는 것입니다. 주님이 함께 계시면 돈 없이도 살 수 있다는 것을 실제로 체험하게 하시려는 것입니다.

셋째, 주라

하나님은 우리에게 재정에 있어서 받는 것보다 주는 것이 복됨을 믿게 하려고 하십니다.

주라 그리하면 너희에게 줄 것이니 곧 후히 되어 누르고 흔들어 넘치도
록 하여 너희에게 안겨주리라 너희가 헤아리는 그 헤아림으로 너희도
헤아림을 도로 받을 것이니라 눅 6:38

하나님께서 우리에게 먼저 주라고 하십니다. 그다음에 후
히 되어 누르고 흔들어 넘치도록 하여 안겨주겠다고 하셨습니
다. 우리에게 먼저 주라고 하시는 것은 우리가 복 있는 자이기
때문입니다. 돈을 많이 벌면 복이 있는 사람이 되는 것이 아닙
니다. 돈이 있으나 없으나 우리는 이미 복 있는 자입니다. 복
있는 자의 특징은 주는 것이고, 복이 없는 자의 특징은 움켜쥐
는 것입니다.

어떤 사람은 많이 가졌는데도 계속 움켜쥐고 삽니다. 영적
으로 불쌍한 사람입니다. 하나님의 자녀는 주는 복을 받은
사람입니다. 이 점을 명심해야 합니다. 그 복은 이 세상에 쌓
여 있는 것이 아니라 하늘에 쌓여 있습니다. 주님은 "보물을
하늘에 쌓아두라"(마 6:19-21)고 하신 다음 눈에 대해 말씀하
십니다.

눈은 몸의 등불이니 그러므로 네 눈이 성하면 온몸이 밝을 것이요 눈이
나쁘면 온몸이 어두울 것이니 그러므로 네게 있는 빛이 어두우면 그 어

주려면 눈이 밝게 뜨여야 합니다. 하나님의 나라를 바라보는 눈이 열려야 비로소 주는 것이 얼마나 복된가를 알게 됩니다. 반면 "돈에 눈이 어두워졌다"는 말이 있습니다. 대부분의 사람이 그렇습니다. 돈에 눈이 어두워 하늘이 있는 것을 모릅니다. 어떻게든 이 세상에 돈을 쌓아두려고 합니다.

돈이 없어서 힘든 것도 사실입니다. 그러면 돈이 많으면 괜찮을까요? 돈이 많으면 더 어렵습니다. 어떤 사람은 어려워도 좋으니까 돈이라도 한번 많아봤으면 좋겠다고 말할지 모릅니다. 그러나 실제로 돈이 많아서 망한 사람이 얼마나 많은지 모릅니다. 돈 때문에 건강을 잃어버리고, 돈 때문에 가정을 망치고, 돈 때문에 친구를 잃어버린 사람이 얼마나 많습니까? 그 정도는 아무것도 아닙니다. 돈 때문에 믿음을 잃어버리고, 돈 때문에 영생을 잃어버리면 이 세상에서만 후회하는 것이 아니라 영원히 탄식하게 됩니다. 이처럼 영적인 눈이 어두워지면 돈이 없어도 돈이 많아도 문제가 됩니다.

믿음의 실험

제가 처음 선한목자교회에 부임할 때 다음 세 가지 믿음의 실험을 했습니다. "첫째, 예수님이 정말 우리와 함께 계신다는 것을 믿음으로 실험해보자. 둘째, 성령님은 우리를 언제나 하나 되게 만드신다는 믿음의 실험을 해보자. 셋째, 재정에 있어서 힘을 다하여 나누어주자"라는 것이었습니다. 그것이 하나님의 말씀이었기 때문에 저는 꼭 실험해보고 싶었습니다. 주라고 하셨으니 주면 하나님께서 채워주실 거라고 믿었습니다.

선한목자교회에서 목회하는 동안 저는 거의 사명처럼 교회 재정이 허락하는 한 어려운 교회와 선교사, 가난한 이웃들에게 나누었습니다. 때로는 교우들이 오해하기도 했습니다. '교회에 건축 부채가 많다는데 담임목사가 저렇게 나누어주려고만 하느냐?', '나누어주는 것을 좀 아껴서 건축 부채나 빨리 상환하지?' 그런데 교회 부채가 재정을 조금씩 아껴서 갚을 수 있겠다는 계산이 나왔다면 아마 저도 그랬을지 모릅니다. 하지만 당시 교회의 부채는 아끼고 모아서 갚을 수준을 한참 넘어섰습니다. 그때 오기 같은 믿음이 생겼습니다. "하나님, 계속 흘려보내겠습니다. 재정에 관해 믿음의 실험을 하겠습니다. 그리고 말씀하신 대로 누르고 흔들어 넘치도록 안겨주시는지 제가 실험해보겠습니다." 그렇게 지금까지 온 것입니다.

지금 저희 교회 형편을 돌아보면 주님의 말씀이 결코 틀리지 않았음을 알 수 있을 것입니다. 여러분, 재정적으로 어려울 때일수록 더욱 하나님의 인도하심을 받아야 합니다. 2020년과 2021년은 역사에 남을 어려운 해입니다. 그런데 제가 선한목자교회에 부임한 이래 가장 많이 어려운 이웃과 교회, 선교사를 도운 해이기도 합니다. 교회 재정 중에 외부로 흘려보낸 것이 예년과 비교가 안 되게 많습니다. 2년 동안 그 과정을 지켜보는 것은 정말 놀라웠습니다. 누가 얼마나 헌금했다고 알린 적이 없는데도 많은 교인들이 "재정적으로 어려운 사람을 도와주세요", "어려운 교회를 도와주세요", "어려운 선교사님을 도와주세요"라고 하면서 헌금하셨습니다. 그래서 제가 2020년과 2021년이 절대로 어려운 해만은 아니라고 확신하는 것입니다. 2020년과 2021년은 '주는 믿음'의 씨가 엄청나게 뿌려진 해입니다. 하나님이 놀랍게 역사하신 것입니다. 하나님의 역사가 아니라면 있을 수 없는 일입니다. 이 땅에서도 하나님이 그 증거를 주시겠지만, 무엇보다 하늘나라에서 받을 상급이 엄청납니다.

얼마 전에 제 아내가 교회에 성전기도를 하러 가면서, 평소에는 성경책과 노트만 들고 가는데 그날따라 갑자기 봉투에 돈을 좀 넣어갈 마음이 생기더랍니다. 누구를 만날 것 같은 생각이 드는데 하나님이 주신 마음이라는 확신은 없었지만, 믿음의 실험을 해봐야겠다는 마음이 들었다고 합니다.

아내가 예배당에서 기도하고 나오는데 어느 집사님 한 분이 눈에 뜨였고, 마음에 '저 집사님이구나. 저분에게 드리라고 하시는 거구나' 이런 생각이 들었다고 합니다. 그래서 순종하는 마음으로 그 집사님에게 다가가 반갑게 인사를 나눈 뒤 하나님이 주시는 마음이라고 봉투를 전하고 돌아왔다는 것입니다. 그런데 돌아와서 이것이 정말 하나님의 인도하심이었는지, 아니면 자신의 생각으로 행동하여 그 집사님을 당황스럽게 하지는 않았을지 걱정도 되었답니다.

그런데 다음 날 그 집사님 남편의 SNS에 자신이 재정적으로 큰 위기 상황이었고, 전적으로 하나님만을 의지하며 교회에서 기도했는데 뜻밖에 사모님이 봉투를 건네시며 "하나님이 마음을 주신 거예요"라고 하였다면서 은밀한 기도를 들으시는 하나님의 공급하심이 놀랍고 감사하다는 글을 쓴 것을 보고 그 일이 하나님이 하신 일이라고 깨달았습니다.

어려운 분에게 돈 얼마를 주었다는 것보다 더 중요한 것은 하나님이 하시는 일에 자신이 도구가 되었다는 것입니다. 하나님이 역사하시는 생생한 현장에 자신이 증인이 된 것입니다. 하나님이 어떤 사람에게 무엇인가를 주려고 하실 때 나 자신을 통하여 그 일을 이루시는 것이야말로 최고의 경험이 아닐 수 없습니다.

성경적인 재물의 복

저는 재물의 복이 재산을 많이 소유한 것이 아니라 은혜의 통로요 복의 통로가 되는 것이라는 사실을 뒤늦게 깨달았습니다. 성경이 말하는 재물의 복은 소유 개념이 아니라 다른 사람들에게 흘러가는 통로 개념입니다. 사람들에게 흘려보낸 것이 많은 것이 재물의 복입니다. 얼마나 많이 가졌느냐 하는 것보다 더 중요한 것은 얼마나 많이 도왔느냐 하는 것입니다. 하나님께서는 이것을 분명히 깨달은 사람을 마음껏 쓰시기 시작합니다. 하지만 안타깝게도 이렇게 쓰임 받을 준비가 된 사람이 많지 않습니다.

그러나 지금 처지가 어렵더라도 얼마든지 복의 통로 역할을 할 수 있습니다. 빵 하나라도 있다면 잘라서 없는 사람에

하나님의 인도하심을 구하라

게 나눠줄 수 있는 것입니다. 나눌 것이 아무것도 없는 사람은 없습니다. 누군가에게 도움받을 필요가 없을 만큼 완벽하게 다 가진 사람도 없습니다. 우리가 하나님께 구해야 할 것은 "하나님, 저를 통로로 써주세요", "하나님으로부터 부어지는 은혜가 저를 통해 어려운 사람들에게 흘러가게 해주세요"라는 기도입니다. 저는 이것이 재정적으로 어려울 때 그 어려움을 이겨낼 수 있는 가장 복된 기도라고 믿습니다.

누구나 영적인 성장 과정에서 재정적인 어려움의 고비를 넘기는 경험을 합니다. 그다음에 재정에 대한 자유함이 찾아옵니다. 지금 여러분이 그 고비를 넘어가고 있는지 모르는 일입니다. 오직 주님을 더욱 바라보며 믿음으로 나가보십시오. 주님께 다 맡기고 지금 있는 형편에서 나누려고 애써보십시오. 그리고 하나님의 약속이 진짜 사실인지 여러분이 실제로 체험하고 복의 통로로 쓰임 받기를 축복합니다.

1 부자 되려고 했던 마음, 돈을 사랑하는 마음, 숨겨진 탐욕을 회개합
   니다. 마음에 마귀가 주는 마음을 버리게 하소서.

2 하나님께서 아버지 되심을 믿지 못하고 염려함으로 우리 영혼이 황폐
   하게 되고, 가족과 자녀, 교인들의 믿음을 무너뜨린 죄를 사하여주소
   서. 언제나 주님을 바라보며 가난도 궁핍도 두려워하지 않게 하소서.

3 하늘의 보화를 믿고 주는 사람이 되게 하소서. 많이 주는 자, 곧 진정
   한 부자가 되게 하소서.

이제는
순종만 하며
삽시다

7 그는 육체에 계실 때에 자기를 죽음에서 능히 구원하실 이에게 심한 통곡과 눈물로 간구와 소원을 올렸고 그의 경건하심으로 말미암아 들으심을 얻었느니라 8 그가 아들이시면서도 받으신 고난으로 순종함을 배워서 9 온전하게 되셨은즉 자기에게 순종하는 모든 자에게 영원한 구원의 근원이 되시고 10 하나님께 멜기세덱의 반차를 따른 대제사장이라 칭하심을 받으셨느니라

히브리서 5:7-10

하나님의 인도하심을 구하라

순종만 하며 살리라는 결단

코로나19 팬데믹만 아니라 우리의 삶은 충격과 혼란의 연속입니다. 그러므로 모든 것이 다 좋아질 것이라고 낙관만 할 수 없습니다. 또 그렇게만 축복할 수도 없습니다. 앞으로 상황이 더 어려워질 수도 있기 때문입니다. 막연히 상황과 형편이 나아지기만을 기다려서는 안 됩니다. 우리 자신이 영적으로 강해져야 합니다. 그것은 매 순간 하나님의 인도하심을 받으며 사는 것을 말합니다. 어떤 상황에서도 하나님의 인도하심을 받을 수 있다면 아무리 상황이 어려워지고 예기치 못한 문제가 생기더라도 두렵지 않습니다. 예수님이 우리의 새로운 살 길입니다.

그러므로 형제들아 우리가 예수의 피를 힘입어 성소에 들어갈 담력을 얻었나니 그 길은 우리를 위하여 휘장 가운데로 열어 놓으신 새로운 살

길이요 휘장은 곧 그의 육체니라 히 10:19,20

하나님의 인도하심을 받으려면 하나님의 뜻을 아는 것만으로는 충분하지 않습니다. 하나님의 뜻을 알고 순종하는 데까지 이르러야 하나님의 인도하심을 받는 것입니다. 그러므로 이제부터 "오직 순종만 하며 살리라"라는 분명한 결단이 있어야 합니다.

순종의 사람인가?

키르케고르는 "예수님의 찬미자가 되는 것은 예수님의 추종자가 되는 것보다 훨씬 쉽다"라고 말했습니다. 그렇습니다. 하나님께서는 우리가 예수님을 소리 높여 찬송하는 것보다 예수님을 따라 온전히 순종하기를 바라십니다. 우리가 하나님께 순종할 수 있어야 어떤 상황이나 형편에서도 능히 이겨내고 그 가운데서 하나님께 영광을 돌릴 수 있기 때문입니다.

우리의 삶은 하나님께 순종하는지 아닌지에 따라 엄청나게 달라집니다. 성경에 대조적인 두 사람이 등장하는데 바로 사울과 다윗입니다. 이 두 사람의 차이는 한마디로 '순종'에 있습니다. 사울 왕이 아말렉과 전쟁할 때 하나님께서 사무엘을

하나님의 인도하심을 구하라

통해 아말렉의 모든 살아 있는 것을 다 진멸하라고 명령하셨습니다(삼상 15장 참조). 그런데 사울은 하나님의 명령을 소홀히 여기고 자기 생각에 좋은 대로 아말렉 왕 아각을 생포하였고, 가장 좋은 양과 소와 기름진 것과 어린양과 좋은 것을 남겨두었습니다. 하나님께 좋은 것으로 제사하겠다는 명분이었지만, 그 일로 하나님은 사울을 왕으로 세운 것을 심히 후회하십니다. 사무엘은 이 일로 밤잠을 자지 못하고 기도합니다. 그런데도 사울은 자신의 잘못을 깨닫지 못했고 결국 하나님으로부터 버림받게 됩니다.

그에 반해 다윗은 순종의 사람이었습니다. 다윗은 나발에게 모욕을 당하고 격분하여 그를 해하려 했지만, 나발의 아내 아비가일의 말을 하나님의 말씀으로 듣고 돌이켰습니다(삼상 25장 참조). 사람이 화가 잔뜩 났을 때 그렇게 돌이키기란 쉽지 않습니다. 또 다윗은 사울 왕이 자신을 죽이려고 군사를 동원하여 찾아다닐 때 오히려 그를 죽일 기회가 두 번이나 있었지만, 하나님이 허락하시지 않는다는 것을 깨닫고 그를 살려줍니다. 그로 인해 다윗은 사울에게 계속 쫓겨 다녀야 했지만, 결과에 상관없이 하나님께 순종한 것입니다.

다윗은 밧세바와 범죄하여 낳은 아들이 죽어갈 때도 하나님께 아이를 살려달라고 식음을 전폐하고 기도했지만, 하나님이 그 아들을 데려가시자 곧바로 일어나 씻고 음식을 먹었습니다. 하나님이 결정하신 일에 무조건 순종한 것입니다. 다윗은 흠이 많고 큰 죄도 지었지만, 하나님께서 다윗을 크게 쓰신 이유는 그가 하나님께 순종했기 때문입니다.

이제부터 정말 다윗처럼 하나님께 순종하며 살아봅시다. 어떤 상황이 닥쳐와도 하나님께 순종하면 우리는 반드시 삽니다.

그리스도 안에서 이김을 주시는 하나님

많은 이들이 순종이 어렵다고 생각하는데 그렇지 않습니다. 순종이 어렵다는 생각을 버려야 합니다. 순종이 어려운 것이 아니라 불순종이 두려운 것입니다.

하나님의 진노가 불순종의 아들들에게 임하나니 엡 5:6

불순종은 하나님의 진노를 불러일으킵니다. 여러분 중에는 순종하고 싶어도 순종이 안 된다고 하는 분들이 있을 것입니다. 그런데 그것은 잘못된 믿음을 가지고 있기 때문입니다.

제가 몇 해 전에 중국 상해에서 열린 코스타 집회에 참여했

하나님의 인도하심을 구하라

습니다. 600명이 넘는 중국 유학생들이 모여 큰 은혜를 받았습니다. 그런데 마지막 폐회예배를 준비하다가 깜짝 놀랐습니다. 은혜받은 유학생들이 이 집회가 끝나고 각자 자리로 돌아가면 얼마 지나지 않아 '나는 다시 예전처럼 돌아갈 거야'라고 생각하고 있음을 알았기 때문입니다. 충격적이었습니다. 혹시 지금 여러분이 그렇지 않습니까? 여러분은 정말 새로워질 것 같습니까? 하나님께 온전히 순종하는 삶을 살 수 있을 것 같습니까? 아니면 '아무리 은혜받아도 얼마 안 가서 예전과 똑같아지던데' 이렇게 생각하고 있지는 않습니까? 그렇다면 그동안 좌절했던 경험이 믿음이 되어버린 것입니다. 여러분, 우리는 우리 자신을 믿고 사는 사람이 아닙니다. 하나님을 믿는 사람입니다. 우리는 할 수 없지만 하나님은 하실 수 있지 않습니까?

예수께서 그들을 보시며 이르시되 사람으로는 할 수 없으나 하나님으로서는 다 하실 수 있느니라 마 19:26

그동안 좌절했다고 그것이 믿음이 되어버리면 안 됩니다. 하나님의 말씀과 자신의 경험에서 나오는 소리 중 어떤 말을 붙잡아야 할지 결단해야 합니다. 우리는 반드시 하나님의 말씀을 붙잡아야 합니다. 성경은 분명히 예수 그리스도께서 우리의 거룩함이 되시고 구원함이 되신다고 했습니다.

> 너희는 하나님으로부터 나서 그리스도 예수 안에 있고 예수는 하나님으로부터 나와서 우리에게 지혜와 의로움과 거룩함과 구원함이 되셨으니
> 고전 1:30

우리의 지혜와 의로움과 거룩함과 구원함은 예수 그리스도 한 분이십니다. 그리스도 안에서 우리를 이기게 하시는 분이 하나님이시라는 것입니다.

> 항상 우리를 그리스도 안에서 이기게 하시고 우리로 말미암아 각처에서 그리스도를 아는 냄새를 나타내시는 하나님께 감사하노라 고후 2:14

우리는 어떤 상황에서도 이 말씀을 붙잡아야 합니다. 여러분, 이스라엘 백성들이 홍해를 갈랐습니까? 하나님이 하셨습니다. 제자들이 오병이어의 기적을 일으켰습니까? 예수님이 하신 것입니다. 우리가 아무리 애를 써도 기도하고 사랑하고 순종할 수 없습니까? 그러나 주님은 하실 수 있습니다. 우리가 할 일은 오직 그 주님을 바라보는 것입니다. 그러면 예수

하나님의 인도하심을 구하라

그리스도 안에서 성령께서 우리가 하나님의 뜻과 그분의 인도하심에 순종할 수 있도록 해주십니다.

주님을 기쁘시게 할 것이 무엇인가?

우리는 결심하지만 금방 무너집니다. 그래서 더 좌절합니다. 아무리 바로 살려고 애를 써도 결심한 만큼 좋은 결과가 나오지 않습니다. 따라서 이제는 진정한 순종이 무엇인지 확실히 알아야 합니다. 그것은 바로 예수님을 바라보며 '주님을 기쁘시게 할 것이 무엇인가?' 그 생각만 하고 사는 것입니다. 에베소서에는 "주를 기쁘시게 할 것이 무엇인가 시험하여 보라"(엡 5:10)라고 말씀합니다. 예수님은 하나님께 죽기까지 순종하셨습니다.

> 그가 아들이시면서도 받으신 고난으로 순종함을 배워서 온전하게 되셨은즉 자기에게 순종하는 모든 자에게 영원한 구원의 근원이 되시고
>
> 히 5:8,9

고난 앞에서 하나님께 순종하신 예수님은 그분에게 순종하는 모든 자에게 구원의 근원이 되셨습니다. 주님이 하나님께

순종하고 우리는 주님께 순종함으로써 우리의 구원이 온전해
지는 것입니다.

그는 근본 하나님의 본체시나 하나님과 동등됨을 취할 것으로 여기지
아니하시고 오히려 자기를 비워 종의 형체를 가지사 사람들과 같이 되
셨고 사람의 모양으로 나타나사 자기를 낮추시고 죽기까지 복종하셨으
니 곧 십자가에 죽으심이라 빌 2:6-8

예수님은 하나님께 죽기까지 복종하신 분입니다. 이것이 십
자가 복음입니다. 그러므로 우리가 주님을 바라볼 때 하나님
께 완전히 순종하는 삶을 살게 되는 것입니다.

주님의 길을 활기차게 걷는 삶

여러분 중에 자신의 삶이 달라진 것이 없다고 좌절에 빠진 분
이 있을 것입니다. 여전히 하나님께 순종하지 못한다고 낙심
하는 분도 있을 것입니다. 그렇다면 지금이야말로 진짜 주님
을 믿어야 할 때임을 알아야 합니다. 순종하게 해주실 분이
주님이십니다. 그것을 정말 체험하기 원한다면 이 시편 말씀
으로 기도해보십시오.

하나님의 인도하심을 구하라

내가, 주님의 계명들이 가리키는 길을 걷게 하여주십시오. 내가 기쁨을 누릴 길은 이 길뿐입니다. 내 마음이 주님의 증거에만 몰두하게 하시고, 내 마음이 탐욕으로 치닫지 않게 해주십시오. 내 눈이 헛된 것을 보지 않게 해주시고, 주님의 길을 활기차게 걷게 해주십시오. 시 119:35-37, 새번역성경

여러분, 이 구절을 따로 기록해두거나 출력해서 항상 이 말씀을 읽고 기도를 시작하시기 바랍니다. 항상 주님을 바라보고 주님의 말씀에 귀 기울이며 살게 해달라는 고백으로 매일 하루를 시작한다면 순종의 삶이 될 것입니다. 실제로 그렇게 살아보지 않고는 쉽게 믿어지지 않을 일입니다.

1904년 영국 웨일즈에 영적 부흥이 일어났을 때, 사람들이 변화되기 시작하고 교회에 큰 부흥이 임했다는 소문이 퍼져서 교회를 안 나가던 한 보석가게 주인이 교회를 나가기로 결심했습니다. 그런데 들리는 소문과 다르게 교인들이 예배 시간에 크게 찬송하거나 기도할 때 우는 것 외에 마음을 감동시킬 만한 것이 없었습니다. 그래서 부흥이 별 게 없다고 생각하고 교회에 다닐 마음을 접었습니다.

며칠 후 보석가게에 한 젊은이가 찾아오더니 자기가 이 보석가게에서 보석을 훔친 일이 있음을 고백하고 보석을 내놓으

며 용서를 구하는 일이 있었습니다. 보석가게 주인은 어떻게 이런 결심을 하게 되었느냐고 물었고 젊은이는 이렇게 대답했습니다. 자신의 마음에 성령님이 임하셔서 '회개하라, 배상하라'라는 음성을 들려주었다는 것입니다. 보석가게 주인은 큰 충격을 받았습니다. 그리고 다시 교회에 나가 예수님을 영접하게 되었다는 것입니다.

또 다른 부흥의 일화로 작은 교회에 다니던 여자 성도 한 분이 예배를 드리던 중 주기도문을 하다가 말문이 막혀버렸습니다. "우리가 우리에게 죄 지은 자를 사하여 준 것같이…" 이 대목에 이르러서 더 이상 주기도문으로 기도할 수 없었다는 것입니다. 자신이 미워하고 있는 한 교인의 얼굴이 떠올랐기 때문입니다. 그 성도는 예배당을 나와 오랫동안 보지 않고 지낸 미워하는 사람을 찾아갔습니다. 그리고는 "하나님의 사랑으로 사랑하지 못했던 저의 죄를 회개합니다"라고 울며 고백하였습니다. 두 사람은 화해를 하였는데 그 일을 계기로 그 교회에 부흥이 일어났고 주변 지역에도 부흥의 불길이 번져가게 되었습니다.

우리가 정말 예수님께 순종하게 되면 자신만이 아니라 주위 모든 이들에게 기쁜 일이 됩니다. 웨일즈에 부흥이 일어났을 때 제일 큰 은혜를 받은 것은 당나귀였다는 말이 있습니

하나님의 인도하심을 구하라

다. 그전에는 사람들이 화가 나거나 부부싸움을 하거나 윗사람한테 욕을 먹으면 당나귀를 때렸는데, 사람들이 성령 충만해지니 더 이상 당나귀를 때리지 않게 되었고 오히려 당나귀를 쓰다듬어주며 회개하고 축복기도까지 해주는 일이 벌어진 것입니다.

모든 것을 믿고 맡기세요

좀처럼 변하지 않는 남편을 위해 하루 3시간 이상 기도하고, 바르게 살자고 수없이 권면해도 반응이 없는 남편을 위해 "이제 어떻게 해야 하나요? 얼마나 더 기도해야 하나요?"라고 질문하는 성도가 있었습니다. 제가 그 성도에게 이렇게 말씀드렸습니다. "남편을 위하여 기도하기 전에 성도님을 위하여 먼저 기도해야겠습니다. 성도님이 먼저 구원을 받으셔야 합니다." 그러자 당혹스러워하며 "네?"라고 되물으셨습니다. "성도님, 너무 애쓰지 말고 예수님을 정말로 믿으시기 바랍니다. 예수님께 모든 것을 맡기세요"라고 하니까 이해가 잘 안 되는지 "믿는 것이 무엇입니까? 맡기는 것이 무엇입니까? 아무것도 하지 말라는 건가요?"라고 질문하였습니다.

그래서 "성도님은 남편을 위하여 3시간을 기도하지만 슬퍼

하고 몸부림치고 원망하며 기도합니다. 그렇게 기도하지 말라는 것입니다. 남편을 위해 기도하되 감사하고 찬송하세요. 성령님이 인도해주실 것을 믿고 잠잠히 성령님만 주목하세요. 성도님이 가장 믿을 만한 사람을 떠올려보세요. 무엇을 부탁해도 편안하고 걱정이 안 되고 안심이 되는 그런 사람을 생각해보세요. 하나님을 믿고 기도한다는 것은 믿을 수 있는 어떤 사람에게 부탁한 뒤 마음이 편안해지는 것보다 훨씬 더 큰 평안을 얻는 것입니다"라고 대답해드리고 그와 함께 남편을 위해 기도해드렸습니다.

순종하려면 우리의 마음이 바뀌어야 합니다. 성령님이 우리 마음에 들어오신 이유가 거기에 있는 것입니다.

> 또 새 영을 너희 속에 두고 새 마음을 너희에게 주되 너희 육신에서 굳은 마음을 제거하고 부드러운 마음을 줄 것이며 또 내 영을 너희 속에 두어 너희로 내 율례를 행하게 하리니 너희가 내 규례를 지켜 행할지라
> 겔 36:26,27

예수님을 향한 갈망에서 나오는 순종의 삶

제가 신학생일 때 CCC 김준곤 목사님이 쓴 칼럼을 읽고 큰 충

하나님의 인도하심을 구하라

격과 도전을 받은 적이 있었습니다. 그때는 김준곤 목사님의 마음을 이해할 수 없었습니다. 그런데 지금은 목사님의 고백이 구구절절 제 것이 되었습니다.

"나는 내 무의식과 꿈속까지 예수 의식화가 된 골수 예수쟁이고 싶다. 나도 성몽이나 식몽, 개꿈 같은 것을 꾸기도 하지만, 내 많은 꿈속에 예수가 있고, 40일 금식기도 할 때는 밥 먹는 꿈보다 예수 꿈을 더 많이 꾸었다. 일생에 두 번 의식이 죽었다 깨어난 경험이 있는데, 그때도 나는 예수의 의식 속에 깨어났으며, 내 언어의 대부분이 예수를 설교했고, 내가 쓴 수천 통의 편지와 길 가며 쓰고 밥 먹다 쓰고 자다 일어나 쓰는 글도 예수이며, 내 딸들을 위해 써놓은 한 줄 유서도 예수님을 사랑하라는 것이며, 내 묘비명도 예수일 것이다. 예수는 나의 주, 나의 하나님이라는 신앙의 순도는 100퍼센트이고 싶다. 내게 흠도 티도 없는 최후의 순수하고 진실한 것이 있다면 목숨이 열두 번 다한 후에라도 더욱 사랑하고만 싶은 예수님이다."

하나님께 순종하는 삶은 예수님을 향한 이 같은 갈망에서 나오는 것입니다. 예수님과 온전히 하나 되고, 주님과 동행하고 싶고, 예수님 한 분이면 충분한 그 믿음으로 살고 싶은 마음이 간절한 사람은 하나님께 순종하는 삶을 살게 됩니다. 예수님은 죽기까지 복종하신 분이기 때문입니다. 이것이 순종의 첫걸음이며 모든 순종의 완성입니다.

주님께 기회를 드리세요

저는 설교할 때마다 설교단에 나가기 전에 두려움을 느낍니다. '내가 설교를 잘할 수 있을까? 내가 말씀을 전하면 은혜가 될까? 성령께서 내가 설교할 때 정말 역사해주실까?' 그런 두려움이 저를 사로잡습니다. 그때마다 주님을 바라보며 기도합니다. 그러면 놀랍게도 어느 순간 마음에 있던 두려움과 의심이 사라져버립니다. 마음에 놀라운 평안이 찾아오고 하나님이 나를 통해 말씀하실 거라는 확신이 생깁니다. 그러고 나서 말씀을 전하는 강단에 서면 항상 주님의 역사를 경험합니다.

한번은 어느 교회의 집회에 갔는데 마음이 무거웠습니다. 교회의 영적 분위기가 은혜롭지 못했고 '내가 이런 집회에서 꼭 설교해야 하나' 하는 마음의 갈등까지 있었습니다. 그때도 하나님께 기도했습니다. 그때 '이런 상황에서도 주님은 역사하신다'라는 마음을 주셔서 말씀을 전하고 왔습니다. 그다음 날 그 교회의 교인 한 분이 저에게 메일을 보내왔습니다.

"목사님, 저는 이번 부흥회 때 설교를 듣다가 주님을 만났습니다. 저는 오래전에 큰 은혜 체험을 하였는데, 하나님과 약속을 지키지 못하고 죄도 많이 지어서 회개조차 하지 못했습니다. 저는 하나님께서 그런 저를 버리셨다고 생각했습니다. 하나님께서 여전히 저를 사랑하시고 함께하신다는 아무런 증거도 찾을 수 없었기 때문입니다. 이번 부흥회도 사실 별 기대 없이 참석했다가 목사님 설교 중에 성령의 근심에 대한 말씀을 듣고 얼마나 울었는지 모릅니다. 그동안 제 마음을 무겁게 누르던 느낌이 내 안에 계시는 성령께서 근심하시는 것임을 비로소 깨달았습니다. 너무 죄송했지만 동시에 감사했습니다. 목사님, 저에게 성령께서 여전히 함께하신다는 것을 깨닫게 해주서서 정말 고맙습니다."

제 생각과 판단만으로는 이런 일이 있으리라곤 상상도 하지 못했을 것입니다. 그러나 제 생각과 판단과 느낌을 주님 앞에 내려놓고 오직 주님이 이끄시는 대로 한 걸음 나아갔더니 하나님의 역사를 놀랍게 경험한 것입니다.

여러분, 순종하며 사는 것은 어려운 삶이 아닙니다. 하나님께서 나의 삶에 간섭하실 수 있도록 기회를 드리고, 나의 삶에 역사하시도록 길을 열어드리는 것입니다. 여러분 중에 하나님이 내 삶에 도무지 역사하지 않는 것 같다고 생각하는 분이 있습니까? 여러분이 하나님께 순종으로 나아가지 않으니까 주님께서 여러분의 인생에 역사하실 수 없었기 때문입니다. 이 제부터 주님을 바라보고 주님이 기뻐하시는 것이 무엇일까만 생각하며 순종의 삶을 살아보지 않으시겠습니까?

복종하며 살고 싶은 복음의 삶

에베소서 5장 18절은 "술 취하지 말라 이는 방탕한 것이니 오 직 성령으로 충만함을 받으라"라고 말합니다. 많은 사람이 성 령 충만은 하나님이 주시면 받고 안 주시면 못 받는 것이라 생각합니다. 그렇다면 성경이 우리에게 "성령으로 충만함을 받으라"라고 말씀할 이유가 있겠습니까? 성령의 충만은 우리 하기 나름이라는 것입니다. 하나님께서는 모든 그리스도인에 게 성령 충만을 주시기 원합니다. 한 사람도 예외가 없습니다. 그런데 왜 성령 충만한 사람과 성령 충만하지 못한 사람이 나 뉘는 것입니까? 우리 자신에게 원인이 있는 것입니다.

사도 바울은 성령 충만을 술 취하는 것과 비교하였습니다. 술은 사람을 취하게 만듭니다. 그러나 술을 마시지 않은 사 람을 취하게 할 수는 없습니다. 술을 마시지 않으면 24시간 술 창고에 살아도 술 취하지 않습니다. 성령의 충만도 마찬

하나님의 인도하심을 구하라

가지입니다. 성령님은 우리 삶을 찬송과 감사, 기쁨과 사랑의 삶으로 변화시키지만, 우리가 그 성령님에게 순종하지 않으면 1년 내내 성령께서 함께하시고 성령 충만한 성도들과 함께 교회생활을 해도 성령으로 충만할 수 없는 것입니다.

성령 충만하여 변화된 삶의 가장 놀라운 결과는 복종입니다. 찬송과 감사, 기쁨과 사랑은 믿어지지 않아서 그렇지 될 수만 있다면 누구나 원하는 것입니다. 그러나 복종은 다릅니다. 정말 인기 없는 메시지입니다. 사람들은 누구나 명령하며 살고 싶어 하지 복종하며 살고 싶어 하지 않습니다. 그런데 예수님을 영접한 사람은 복종하게 됩니다. 참으로 신기한 일입니다. 왜냐하면 예수님이 복종의 삶을 사신 분이기 때문입니다.

너희 안에 이 마음을 품으라 곧 그리스도 예수의 마음이니 그는 근본 하나님의 본체시나 하나님과 동등됨을 취할 것으로 여기지 아니하시고 오히려 자기를 비워 종의 형체를 가지사 사람들과 같이 되셨고 사람의 모양으로 나타나사 자기를 낮추시고 죽기까지 복종하셨으니 곧 십자가에 죽으심이라 빌 2:5-8

그렇습니다. 복종은 예수님을 인격적으로 아는 자만이 할 수 있는 것입니다. 이제는 높아지는 것이 싫습니다. 예수님과 함께 있고 싶기 때문입니다. 천한 곳, 멸시받는 곳이 감사합니다. 예수님께서 그곳에 머무시기 때문입니다. 이처럼 예수님과 하나 되는 기쁨 때문에 복종할 수 있습니다. 이것이 진정한 복종입니다.

하나님의 인도하심에 오직 순종만 하라

저는 지난 11년 동안 예수동행일기를 쓰면서 매일 주님을 바라보며 살려고 했습니다. 그렇게 살았던 지난 11년이 제 인생의 전환점이자 신앙의 전환점이 되었습니다. 솔직히 '나의 70대는 어떨까?' 생각하면 두려웠습니다. '말 많은 고집쟁이가 되지는 않을까? 권위주의자가 되지는 않을까? 노욕이 심하고 노여움이 많은 자가 되지는 않을까? 시대착오적인 생각에 빠져서 사람들을 힘들게 하지는 않을까? 심약해지지는 않을까? 성령으로 시작하였다가 육체로 마치게 되지는 않을까?'

제가 이런 걱정을 하는 것은 나이 들어 그렇게 변해버린 사람들을 너무 많이 보았기 때문입니다. 저라고 다르다는 보장이 있겠습니까? 그런데 11년 동안 주님과 동행하는 삶을 살고, 매일 주님을 바라보라면서 제 마음 안에 믿음이 생겼습니다.

그러므로 우리가 낙심하지 아니하노니 우리의 겉사람은 낡아지나 우리의 속사람은 날로 새로워지도다 고후 4:16

저는 이 성경 말씀이 믿어졌습니다. 어떤 분들에게는 교만하게 들릴지 모르겠지만 나이가 들어도 날로 새로워진다는 하나님의 약속이 믿어지면서 얼마나 감사하고 담대해졌는지 모릅니다. 믿으려고 한 것이 아니라 믿어진 것입니다. 제가 한 것이라곤 11년 동안 매일 주님을 바라보려 했을 뿐인데 하나님의 놀라운 약속이 믿어졌습니다.

그런데 제가 이렇게 11년 동안 꾸준히 주님을 바라보고 그것을 매일 일기로 쓸 수 있었던 힘이 무엇이었을까 곰곰이 생각해보았습니다. 그것은 교회 동료 목사님들과 선교사님들 그리고 장로님들과 함께 나눔방에서 예수동행일기를 나누며 살았기 때문이었습니다. 저 혼자 결심하고 일기를 썼다면 과연 11년이나 꾸준히 일기를 쓸 수 있었을지 장담할 수 없습니다. 함께했기 때문에 계속 순종할 수 있었던 것입니다.

순종의 삶을 사는 것, 주님을 인도하심을 따라 사는 삶은 서로 함께해야 합니다. 주님의 인도하심을 따라 살기 원하는 분이 있다면 지금부터 매일 일기를 쓰면서 주님을 바라보는 삶을 시작해보시기 바랍니다. 이따금 일기를 쓰고 있다면 한 줄이라도 좋으니 매일 쓰시기 바랍니다. 그리고 반드시 나눔 방에 나누십시오. 주님을 바라보며 사는 삶을 끝까지 살아가려면 공동체의 도움이 필요합니다. 내가 쓰러지면 다른 사람이 붙잡아줘야 하고, 다른 사람이 쓰러지면 내가 그를 붙들어 주면서 주님을 바라보며 나아가야 합니다. 그러면 반드시 주님을 바라보는 눈이 더욱 열리게 됩니다. 그리고 순종의 삶을 살게 됩니다. 그때 비로소 예수 그리스도 안에서 하나님이 허락하신 새로운 삶을 살게 되며 주님이 그 삶의 본체이시라는 사실을 경험하게 됩니다. 이것은 자신뿐만 아니라 가족과 주위 모든 사람에게 말할 수 없는 복이 됩니다.

이제부터 오직 하나님께 순종만 하며 살아갑시다. 주님의 역사를 믿으십시오. 오로지 순종하며 사는 사람이 영적으로 강한 자입니다. 지금 우리에게는 주님만 바라보며 살았더니 주님이 순종의 삶을 살게 해주셨음을 증거할 증인이 필요합니다. 성경의 약속이 실현된 증인이 일어나야 합니다. 이 일에 자신을 드려 "나를 써주옵소서"라고 기도할 분이 계십니까? 항상 주를 바라보며 주님이 기뻐하실 일만 생각하는 순종의 삶을 살기를 기도합니다. 여러분 모두 하나님의 인도하심에

오직 순종만 하며 예수님 안에서 새 삶을 살게 되기를 축복합
니다.

prayer points ||||||||||||||||||||||||||||||||||||||||||||||||||||||||||||||||||||||||||||||||||||||||

1 이전에 상황과는 완전히 다른 하나님의 계획 가운데 우리가 거하게 하
   소서. 예수 그리스도가 우리의 유일한 새로운 살 길임을 믿게 하소서.

2 우리 삶에 새로운 변화가 있게 하시고 순종의 삶을 살게 하소서. 주
   님이 복종의 삶을 산 것처럼 우리도 복종의 삶을 살아가게 하소서

3 하나님이 간섭하시는 삶을 살면서 하나님이 역사하시는 것을 경험하
   게 하시고, 서로 연합하며 순종하는 공동체가 되게 하소서.

하나님의 인도하심을 구하라

초판 1쇄 발행 2021년 10월 15일
초판 12쇄 발행 2023년 10월 30일

지은이 유기성

책임편집 안수경 김도연
편집 이영주 박소영 최현수 김아진 정아혜
책임디자인 마영애 조은혜 | 노지현 이하은
홍보·외서 진효지
마케팅 김상순 강성민
제작 조영석 허병용
마케팅지원 최영배 정나영
경영지원 김혜경 김경희 이지수

303비전성경암송학교 유니게 과정
이슬비전도학교 / 303비전성경암송학교 / 303비전꿈나무장학회

펴낸곳 규장

주소 06770 서울시 서초구 매헌로 16길 20(양재2동) 규장선교센터
전화 02)578-0003   팩스 02)578-7332
이메일 kyujang0691@gmail.com
페이스북 facebook.com/kyujangbook
카카오스토리 story.kakao.com/kyujangbook
등록일 1978.8.14. 제1-22
홈페이지 www.kyujang.com
인스타그램 instagram.com/kyujang_com

ⓒ 저자와의 협약 아래 인지는 생략되었습니다.
이 출판물은 저작권법에 의해 보호를 받는 저작물이므로 무단 전재와 무단 복제를 할 수 없습니다.

책값 뒤표지에 있습니다.
ISBN 979-11-6504-246-2 03230

규 | 장 | 수 | 칙

1. 기도로 기획하고 기도로 제작한다.
2. 오직 그리스도의 성품을 사모하는 독자가 원하고 필요로 하는 책만을 출판한다.
3. 한 활자 한 문장에 온 정성을 쏟는다.
4. 성실과 정확을 생명으로 삼고 일한다.
5. 긍정적이며 적극적인 신앙과 신행일치에의 안내자의 사명을 다한다.
6. 충고와 조언을 항상 감사로 경청한다.
7. 지상목표는 문서선교에 있다.